질문의 시간

질문의 시간

40일을 그와 함께

+

김헌 지음

북루덴스

그의 이야기보다 더 처절한 이야기가 있을까?
더 치열하고, 더 아름다운 이야기가 있을까?

나는 과연 그의 삶을 따라 살 수 있을까?
40일을 그와 함께 묻고 또 묻고
삶에 대해 질문의 시간을 가져본다.

1장 고행의 이유는

첫째 날, 재의 수요일 광야로 나가다 · 13

둘째 날, 목요일 빵의 가치를 깨닫다 · 15

셋째 날, 금요일 배고프면 먹어야 한다 · 18

넷째 날, 토요일 사람들이 모이다 · 22

다섯째 날, 월요일 만나를 얻고 잃은 것 · 25

여섯째 날, 화요일 만나와 '그 말' · 29

일곱째 날, 수요일 신과 맺은 약속 · 32

여덟째 날, 목요일 나누는 이적 · 35

아홉째 날, 금요일 권력의 유혹 앞에 서다 · 39

열째 날, 토요일 사람들에게 돌아오다 · 43

열한째 날, 월요일 새로운 세상 · 48

열두째 날, 화요일 '하늘의 왕국' · 53

열셋째 날, 수요일 삶이 극도로 팍팍해진 그때 · 57

2장 나는 누구인가

열넷째 날, 목요일 이 땅의 권력에 초연하다 · 63

열다섯째 날, 금요일 그의 탄생 · 68

열여섯째 날, 토요일 나는 누구인가 · 74

열일곱째 날, 월요일 마리아의 결단 · 79

열여덟째 날, 화요일 마리아의 고백 · 83

열아홉째 날, 수요일 믿음은 결단의 노력이다 · 87

스무째 날, 목요일 나일 수 없는 나 · 91

스물한째 날, 금요일 빵을 거부한 까닭 · 96

스물두째 날, 토요일 사람들은 믿지 않는다 · 101

스물셋째 날, 월요일 부자 청년의 고민 · 106

스물넷째 날, 화요일 삭개오의 결단 · 112

스물다섯째 날, 수요일 거짓말 · 117

스물여섯째 날, 목요일 자유의 가치 · 123

3장 죽음의 이야기가 아닌

스물일곱째 날, 금요일 베드로 · 131

스물여덟째 날, 토요일 거대한 서사 · 136

스물아홉째 날, 월요일 말로 지은 새로운 세상 · 142

서른째 날, 화요일 제자들 · 148

서른한째 날, 수요일 이 순간도 그는 고독하다 · 153

서른두째 날, 목요일 유다 · 158

서른셋째 날, 금요일 돈궤에 뻗친 손들 · 162

서른넷째 날, 토요일 잔인한 상상 · 167

서른다섯째 날, 월요일 겟세마네 · 172

서른여섯째 날, 화요일 모두 달아나다 · 179

서른일곱째 날, 수요일 사형선고 · 185

서른여덟째 날, 목요일 기득권, 위선 · 190

서른아홉째 날, 금요일 그의 죽음 앞에 설 때 · 196

마흔째 날, 토요일 믿는다는 것 · 202

부활절 아침에 · 209

에필로그 · 213

1장

+

고행의 이유는

첫째 날, 재의 수요일

광야로 나가다

·

이스라엘의 한 청년이 허허벌판으로 나갔다. 가족과 친
구를 떠나 아무도 없는 곳, 오직 자기 자신만이 있는 곳이
었다. 흙에서 와서 흙으로 돌아갈 몸뚱이를 움켜쥐고 오직
흙먼지만이 깃발처럼 나부끼는 텅 빈 광야에 홀로 섰다. 음
식은 입에 대지 않았다. 40일 동안 제 살과 뼈를 깎아내며
지냈다. 외로움으로 정신을 굶겼고 곡기를 끊어 육신을 비
웠다. 살아 있음이 무엇인지, 무엇을 위해 삶을 살아야 하
는지 묻고 또 묻고 깊이 생각에 잠겼다.

그때 그의 나이 서른이었다. 인생의 한 번쯤 그때 그가 광
야에 섰던 것처럼 절대적으로 고독할 필요가 있다. 사람들
은 '사순절(Quadragesima)'이라는 이름으로 그의 고난을 되새
기며 기념한다. 오늘 '재의 수요일(Ash Wednesday)'로부터 그
절기가 시작된다. 흙에서 와서 흙으로 돌아갈 인생임을 절
감하기 위해 오늘을 그렇게 부른다.

고독의 절정에서 그는 어떤 답을 얻었을까? 아니 궁극적인 답은 얻지 못한 채 자신의 삶에 대한 물음만을 더 날카롭게 벼리고 벼렸을까? 하여 이후 그의 삶이란 그때 얻은 확고한 답을 흔들림 없이 실천하며 채워나가는 것이 아니라, 그때 벼려낸 물음으로 삶의 순간순간을 끊임없이 비워나갔던 것은 아닐까? 1년에 한 번쯤 얽히고설킨 삶의 그물에서 벗어나 그의 고독을 기려본다.

빵의 가치를 깨닫다

•

단식은 하루하루 그의 몸을 비틀어 짰다. 피와 땀과 눈물 방울은 먼지가 뒹구는 바닥에 닿자마자 휘발되어버렸다. 퀭한 눈, 거칠게 말라 터져가는 입술……. 온몸에서 생기가 빠져나갔다. 목숨만이 그의 몸에 간신히 붙어 있었다. 한 줄기 거센 바람에도 목숨은 위태로웠다.

빵(artos)은 유혹이었다. 달콤한 포도주에 폭신한 빵 한 조각 흠뻑 적셔 한입 가득 먹을 수만 있다면 원이 없을 듯싶었다. 할 수만 있다면 눈앞에 보이는 돌을 집어 빵이라며 씹어먹고 싶을 지경이었다. 죽을 만큼 처절하게 배고파본 사람만이 빵의 참된 가치를 알 터였다.

"겨우 빵의 가치를 알기 위해 여기에 왔던가?"

"역시 먹고사는 데는 빵이 최고야. 그 이상은 없어!"

"목구멍이 포도청이지."

"그런데 고작 이 따위 결론을 얻기 위해 목숨을 걸고 광야에서 고독했던가?"

허탈함에 몸을 떨었다. 그는 주저앉아 울었지만 눈물은 흐르지 않았다. 그는 빵의 가치에 순응하고 말 것인가? 그가 순응하지 않는다면 그렇게도 절실한 빵의 가치를 넘어 얻게 될 좀더 거룩하고 숭고한 깨달음은 무엇일까?

그는 나중에 사람들에게 말했다.

"나는 '생명의 빵(artos tês zôês)'입니다. 나에게 오는 사람은 결코 주리지 않을 것이며, 나를 믿는 사람은 영원히 목마르지 않을 것입니다."

자신을 빵에 비유했을 때 그는 그 40일 동안의 허기에서 느낀 절실함을 빵에 담았던 것이다. 그러나 그는 절실함에서 갇히지 않았다.

"썩어 없어질 양식(brôsis)을 위해 일하지 마십시오. 영원한 생명에 잇닿아 남게 될 양식을 위해 일하십시오."

몇 년 후 그는 곧 엄습할 죽음을 눈앞에 두고 사랑하는 제자들을 불러 모았다. 그들과 편하게 만날 수 있는 마지막 기회였다. 그 순간 그가 선택한 것은 조촐한 만찬이었다. 둘러앉은 그들에게 빵을 나누어주며 말했다.

"받아서 먹으세요. 이것은 내 몸입니다."

제자들은 그가 죽음과 맞서 싸우며 깨달았던 빵의 가치를 이해했을까? 아니 아마도 그 깊은 뜻은 깨닫지 못했을 것이다. 오직 그처럼 빵의 가치를 간절하게 느끼고 마침내 그것을 넘어선 가치를 추구해야 그것의 참된 가치를 알 것이므로.

셋째 날, 금요일

배고프면 먹어야 한다

•

빵의 유혹은 첫 끼를 거를 때부터 40일이 끝나는 순간까지 한순간도 그를 떠나지 않았다. 피를 빨아먹는 거머리처럼 온몸에 달라붙어 그를 끈질기게 괴롭혔다. 그의 고독한 결단을 무너뜨리기 위해 쉴새없이 기승을 부렸다. 그래, 몸을 가진 인간인 한 그 누구도 빵 없이는 살 수 없다. 사람은 빵으로 산다. 그도 예외는 아니었다.

신이 6일 동안 세상을 만들고 일곱째 날에 쉬었다는 안식일. 그날은 세속적 욕망을 채우는 모든 노동에서 벗어나 편안히 쉬며 거룩하게 지내야 한다. 이스라엘의 종교지도자들은 그날 몸을 움직여 사소한 일을 하는 것조차 죄라고 생각했다.

어느 날 그는 제자들과 함께 밀밭 사이를 지났다. 제자들은 배가 고팠다. 그들은 이삭을 잘라 손으로 비벼 껍질을 털어내고 허겁지겁 밀알을 먹었다. 그는 바라만 볼 뿐 제지하지 않았다. 사람들이 비판할 때 오히려 그는 그들을 감싸며 변호했다. 그에게 제자들을 고발한 사람들은 유대 3대 종파 가운데 가장 율법에 충실한 바리새인들이었다.

"당신들은 어째서 안식일에 할 수 없는 일을 하는가?"

질책하는 그들에게 그는 이스라엘의 위대한 지도자 다윗의 이야기를 상기시켰다. 다윗은 자신과 함께한 자들이 배고픔에 허덕이자 성소로 들어가 제사장에게만 허락되고 다른 사람들에게는 금지된 빵을 나누어먹었다. 그 빵은 '진설(陳設)의 빵(artos tês protheseôs)'이라고 불리며 거룩한 것으로 여겨졌다. 제사장들이 안식일마다 새로운 빵을 성소 안으로 가져와 묵은 빵과 바꾸고 묵은 빵은 성소 안에서 다 먹었다. 따라서 다윗이 그 빵에 손을 댄 것은 종교 규칙 위반이었다.

그러나 다윗은 그렇게 생각하지 않았다. 인간의 배고픔

을 채우는 것이 종교 규칙을 지키는 것보다 더 중요하고 가치가 있다고 여겼다. 그가 제자들의 행동을 변호했던 이유도 다윗의 생각과 다르지 않았을 것이다.

그때 그들은 단순히 그 순간의 배고픔을 참지 못해 그런 짓을 저지른 것이 아닐지도 모른다. 그와 함께한 이들도, 다윗과 함께한 이들도 그 순간의 배고픔을 견디고 밀밭을 지나 조금만 가면 어디에선가 무언가를 먹을 수 있다는 희망조차 없었던 것은 아닐까? 어쩌면 그들에게는 가난과 굶주림이 습성처럼 고질적인 것이었을지도 모른다. 살기 위해 금지된 빵을 먹고 안식일에 일을 하듯 밀 이삭을 따먹는 것이 종교 규칙에 어긋나는 행동일지라도 신의 뜻과 창조 원리에 어긋나는 행동은 아니라는 것이 그의 변론의 핵심이었다. 그는 마지막으로 이렇게 덧붙였다.

"'인간의 아들(huios tou anthrôpou)'이 '안식일의 주인(kurios

tou sabbatou)'입니다."

　그러나 그가 광야에서 배고픔을 견디고 빵의 유혹을 뿌리치며 했던 말은 사뭇 달랐다.

　"사람은 빵으로만 살 것이 아닙니다."

사람들이 모이다

•

수많은 사람이 모여들었다. 그가 빈 들로 나갔다는 말을 듣고 찾아온 것이다. 몹시 우울한 날이었다. 요한이 죽었기 때문이다. 요한은 광야에서 외치는 자였다. 사람들의 죄악을 고발했고 반성과 회개를 촉구했다. 서슬 퍼런 로마 식민 치하에서 진실을 외치던 요한은 권력에 의해 체포되어 목이 베어졌고 잘린 머리는 소반에 얹어졌다. 요한은 그의 친척이기도 했다. 그의 심정은 어땠을까? 참담한 슬픔? 자신도 죽임을 당할 수 있다는 두려움? 공포? 아니면 세상을 뒤엎어버리고 말겠다는 분노?

사람들이 그를 찾았다. 남자만 5000명이라고 하니 그들의 가족까지 포함한다면 1만 명은 족히 넘을 수였다. 그들은 로마 식민 치하에서 고통스러운 삶을 꾸려나갔다. 도무지 희망이 보이지 않았다. 종교지도자들은 권력자들과 결탁하여 안락한 생활을 보장받았고 소수 사람들이 로마의 권력에 부역하여 동족의 등골을 빼먹었다. 그들은 왜 부자도, 권력자도 아닌 가난한 목수의 아들에 불과한 그를 찾아왔던 것일까? 그 많은 사람이 그에게 얻고자 한 것은 빵이 아니었을 것이다. 그들은 다른 무언가를 갈망했다.

요한의 죽음으로 상한 마음을 추스르고 고단한 몸을 일으켜 그 무엇인가에 간절했던 그들과 대면했다. 그들은 목자를 잃고 두려움에 사로잡혀 헤매는 양들과도 같았다. 한없이 측은한 마음이 들었다. 그는 입을 열었다. 여러 말로 그들을 위로하고 삶의 진실을 가르쳤다. 그들은 그의 말에 정성껏 귀를 기울였다. 무슨 말을 어떻게 했기에 1만 명도 넘는 사람이 조금의 동요도 없이 그의 말을 경청했을까? 그 장면에서 걱정에 사로잡힌 것은 오직 그의 제자들뿐이었다.

"선생님, 우리는 이들에게 줄 빵도, 빵을 살 돈도 없습니다. 이들을 돌려보내 뭐라도 사먹게 해야 할 것이 아니겠습니까?"

　그러나 제자들이 걱정하던 그들은 정작 빵을 걱정하는 것처럼 보이지 않았다. 어린아이조차 자신이 갖고 있던 빵 다섯 덩이와 물고기 두 마리를 아낌없이 내놓았다. 그도 그들에게 필요한 것은 빵이 아님을 잘 알고 있었다. 배고픔을 잊고 그들이 그의 말을 경청하며 찾고자 했던 것, 빵보다 더 절실한 것. 그는 그것을 알고 있었고 그의 말에 귀를 기울이던 수많은 사람도 알고 있었다. 그 기적 같고 감동적인 상황에서 오직 제자들만이 빵을 걱정하고 있었다.

　그 순간 그는 자신 앞에 서 있는, 무언가를 갈망하는 군중 속에서 40일 동안 허허벌판에서 간절하게 찾고자 했던 그것을 보았을 터다. 그것은 나를 핍박하고 나를 가난하게 헐벗기고 굶기는 현실의 삶에서 빵보다 더 중요했다. 사람은 빵을 먹어야만 살지만 빵에만 기대어 사는 존재는 아니기에.

다섯째 날, 월요일

만나를 얻고 잃은 것

•

배고픈 줄 모르고 해가 질 때까지 들에서 그의 말을 듣고 있었던 사람들의 조상들도 그들처럼 가난하고 힘든 시절을 보낸 적이 있었다.

머나먼 옛날 그들의 조상들은 이집트에서의 오랜 노예생활에서 벗어나 해방되어 자유의 몸이 되었다. 그들을 이끈 지도자는 모세였다. 모세는 젖과 꿀이 흐르는 새로운 땅의 비전을 제시하며 그들을 이끌었다. 그러나 희망의 땅으로 가는 길은 순탄하지 않았다. 이집트 군사들이 뒤쫓아오며 생명을 위협했다. 추격의 위협에서 완전히 벗어났을 때 그들을 괴롭힌 것은 배고픔이었다.

이집트의 노예생활에서 벗어난 지 45일째 되던 날 그들은 배고픔을 참지 못하고 모세를 원망했다.

"우리가 이집트에 있을 때는 고기와 빵을 배불리 먹었소. 그런데 지금 이게 뭐요? 이 허허벌판에서 굶어 죽겠소. 차

라리 이집트에서 노예로 살더라도 배불리 먹고 살다가 죽는 게 여기서 죽는 것보다 낫지 않겠소?"

그들은 노예로 살면서 고통을 당하더라도 배부른 것이 헐벗은 자유보다 낫다고 외치며 아우성이었다.

"젖과 꿀이 흐르는 희망의 땅? 개소리 마시오. 그게 어디 있소? 가도 가도 끝없는 이 광야에 그런 땅이 어디 있소? 그곳에 이르기도 전에 우리가 여기서 먼저 죽겠소!"

그들은 해방과 자유를 조금도 귀하게 여기지 않았다. 빵과 고기를 준다면 언제든 그것을 포기할 태세였다.

"그래, 배고파 쓰러져 벌판에서 개죽음을 당한다면 자유고 해방이고 무슨 소용이 있겠는가? 자유도 해방도 희망도 사랑도 그것을 누릴 내가 있어야만 하는 것이 아닌가?"

생존, 그 지상의 가치! 그들은 진심으로 그렇게 생각했다.

그들의 아우성을 들은 신은 답답했지만 참았다. 그들을

긍휼히 여기며 신은 '만나(Manna)'를 내려주었다. 아침마다 내리는 이슬이 마르면 땅바닥에 깟씨처럼 작고 진주처럼 둥글고 서리같이 가는 하얀 만나가 생겼다. 그것을 거두어 맷돌에 갈거나 절구에 찧어 반죽을 만들어 가마에 찌거나 구우면 기름과 꿀의 풍미가 나는 맛있는 빵이 되었다. 저녁에는 메추라기가 날아들어 그들의 먹을 고기가 되어주었다. 그들은 빵과 고기로 배고픔을 해소할 수 있었다.

그러나 그들은 혹독한 대가를 치러야 했다. 배고픔을 견디지 못하고 빵에 모든 것을 걸며 원망하고 구걸하던 그들은 불과 며칠, 몇 달이면 도달할 수 있었던 약속의 땅에 발을 들여놓지 못하고 40년을 광야에서 헤매야만 했다. 빵과 고기에 굴종한 그들은 그것을 계속 먹는 대신 광야에서 거지처럼 떠돌아야만 했던 것이다. 그들은 이집트에 있을 때도, 광야에서 헤맬 때도 언제나 빵과 고기의 노예였다. 지금도 수많은 사람이 돈의 노예이듯이.

40년이 지난 후 모세는 말했다.

"이제 곧 약속의 땅으로 들어가게 됩니다. 당신들이 40년 동안 광야를 걸었던 것을 기억하십시오. 신께서 당신들을 그렇게 헤매게 하셨음을 기억하십시오. 당신들을 낮추고 당신들을 주리게 하고, 그리고 당신들이 알지 못하며 당신들의 조상들도 알지 못하던 만나를 먹게 한 것은 **사람이 빵으로만 사는 것이 아니며, 신의 입에서 나오는 모든 말로 사는 것임을 당신들이 알도록 하기 위해서임을 아십시오.**"

여섯째 날, 화요일

만나와 '그 말'

·

사람은 빵을 먹어야 산다. 그러나 빵으로만, '빵에 의존해서만(ep' artôi monōi)' 사는 것이 아니다. 그것만으로 인간의 삶은 충분하지 않다. 그러면 무엇이 더 있어야 하는가? 답은 분명했다. 신의 입에서 나오는 '모든 말에 의존하여(epi panti rhêmati)' 살아가는 것이다. 그런데 도대체 그것은 무엇인가?

광야에서 며칠 굶더니 견디지 못하고 죽겠다고 아우성치며 다시 이집트인의 노예가 되는 것이 낫겠다고 원망하며 울부짖는 그들에게 신은 빵을 주었다. 하지만 빵만 준 것이 아니었다. 빵과 함께 지켜야 할 규율도 함께 명령했다. 바로 '그 말(touto to rhêma)'이 곧 '신의 입에서 나온 말'이다. 그것은 빵과 관련된 신의 명령이고 율법(nomos)이었다.

첫째, 그날 먹을 일용할 양식을 거두기 위해 매일 들판으로 나갈 것. 그 명령에 따라 그들은 하루라도 만나를 거두는 일을 하지 않으면 굶는다는 것을 명심해야 했다. 단, 여섯째 날에는 이틀 치를 거두고 일곱째 날은 편안하게 안식할 수 있었다.

둘째, 각자 한 사람 몫으로 그날 먹을 만큼 알맞은 양만 거두고 남김없이 다 먹을 것. 더 이상은 욕심부리지 말 것. 실제로 먹다가 남은 빵은 그 다음 날의 수고를 덜 수 있도록 온전하지 못했다. 날이 새면 곧 썩어버렸던 것이다. 단, 안식일의 몫만은 온전했다.

그러나 그들 가운데에는 빵에만 정신이 팔려 빵에 관해 신이 말한 명령을 듣지 않는 사람들이 있었다. 욕심을 부리다 음식을 썩히거나, 매일 들판으로 나가는 것을 게을리하다가 거르거나, 6일째 노동을 두 배로 하지 않아 안식일에 배를 곯아야 했다. 나가서 직접 빵을 구해오지 않고 이웃의 것을 탐하거나 도적질하거나 완력으로 빼앗는 일은 금지되었다. 그들은 빵을 먹어야 살 수 있었지만 빵으로만 살 수 있는 것이 아니었다. 빵과 관련된 신의 명령, 빵에 관련된 율법과 명령, 즉 일종의 도덕과 윤리, 정의를 지킬 때에만 비로소 그들은 살 수 있었다.

신과 맺은 약속

•

그가 광야로 가서 40일 동안 음식을 끊고 굶었던 것처럼 모세도 40일 동안 먹지도, 마시지도 않았던 적이 있었다. 빵에 관한 명령을 받고 나서 보름이 지났을 때였다. 모세는 산에 올랐다. 광야에서 생활한 지 세 달째였다. 모세는 산에 올라 40일 동안 '빵도 먹지 않고 물도 마시지 않았다.' 몸을 비우고 영혼을 맑게 했을 때 신은 두 개의 돌판에 삶의 지침이 될 열 개의 명령을 손수 기록해주었다. 신과 인간 사이에 맺은 일종의 계약이었다.

그 계약은 크게 두 가지였다. 첫째는 신에 대한 경건한 존중이었다. 둘째는 타인에 대한 존중과 예의였는데, 이를테면 부모를 공경하는 것과 이웃의 생명과 재산, 인격에 해를 끼치지 않는 것이었다. 빵에 대한 갈망은 그 자체로 악은 아니었다. 정직하고 성실하게 배를 채움으로써 즐거울 수 있는 것은 신의 축복이었다. 단순히 배만 채우는 것이 아니라 빵을 얻고 먹는 규칙으로 인간적인 품격을 지켜야 했듯이 다른 모든 욕망에 대해서도 마찬가지였다. 예컨대 내 욕망을 채우되, 남의 몫을 빼앗아서는 안 되었다.

따라서 다른 사람의 생명을 해하는 살인이 금지되고, 간음과 도적질이 금지되며, 이웃의 아내와 종과 집과 모든 소유를 탐하는 것 자체가 금지되었다. 이 모든 절제와 도덕적 품격을 절대적 존재와의 경건한 관계 속에서 지키는 것, 그것이 신이 모세를 통해 인간에게 준 명령이었고, 그가 직접 두 개의 돌판에 새겨 넣은 계명이었으며, 신의 입에서 나온 말이었다.

그는 모세를 기억하며 광야에서 40일 동안 굶고 자신과 고독하게 대면했다. 악마가 나타나 돌로 빵을 만들어 허기를 채우라고 유혹하며 시험했을 때 그는 뿌리치며 모세의 말을 되뇌었다.

"사람은 빵으로만 살 것이 아닙니다. 신의 입에서 나오는 모든 말로 살 것입니다."

여덟째 날, 목요일
나누는 이적

•

총각과 처녀가 결혼을 했다. 많은 사람이 결혼을 축하해 주었다. 먹고 마시며 즐거운 시간을 보냈다. 그도 그의 제자들과 함께 초대되었고 그의 어머니도 그곳에 있었다. 먹고 마시는 사이 준비된 포도주가 모두 동이 났다. 잔치의 흥이 깨질 판이었다. 그의 어머니가 그에게 말했다.

"저 사람들에게 포도주가 없다."

그는 망설이는 것 같았다. 잔치에 포도주가 떨어진 것이 그와 무슨 상관이란 말인가?

"아직은 때가 아닙니다."

그는 정중히, 그러나 언뜻 단호하게 거절하는 것 같았다. 하지만 그의 어머니는 그가 무엇인가를 하리라 기대했고, 할 수 있으리라 믿었으며, 하인들에게 그가 하라는 대로 따르라고 지시했다. 결국 그는 하인들에게 항아리에 물을 채워 연회장으로 가져가게 했다. 하인들이 항아리에서 물을 퍼내어 손님들의 잔에 채울 때 놀랍게도 그것은 더 이상 물이 아니었다. 물이 변하여 포도주가 되었던 것이다. 사람들은 처음에 마신 포도주보다 그것이 훨씬 더 좋다고 기뻐했고 입을 모아 칭찬했다. 흥겨운 잔치는 밤이 깊어가도록 계속되었다.

광야에서 지낸 40일 동안 아무것도 먹지 않아 극도의 배고픔으로 죽을 것만 같았을 때 돌로 빵을 만들어보라는 사탄의 유혹을 단호히 뿌리쳤던 그가 다른 사람들을 위해서는 물이 포도주가 되게 하는 이적을 행했다. 어디 그뿐인가? 그의 말을 듣고자 수많은 사람이 몰려왔을 때 그는 빵 몇 덩이와 물고기 몇 마리로 굶주린 사람들의 배를 채우고도 10여 광주리가 남을 만큼 많은 음식을 만들어내는 이적을 두 차례나 보였다. 그 옛날 신도 그의 조상들이 광야를 헤매며 배고파 울부짖을 때 만나와 메추라기를 보내 주린 배를 채워주는 이적을 행하지 않았던가.

그를 보며 놀라는 까닭은 물로 포도주를 만들고 빵 몇 덩이와 물고기 몇 마리로 수십, 수백 광주리의 음식을 만들어 낼 수 있는 기적 때문이 아니었다. 자신을 위해서는 엄격하게 욕망을 억누르면서도 다른 이들을 위해서는 아낌없이 베풀려는 마음, 내가 진정 놀라는 까닭은 바로 그 마음에 있다.

내 몫을 챙기는 데만 급급하고 다른 이의 굶주림이나 아픔에 무감각한 것은 나의 부끄러운 실상이 아닌가? 어쩌면 그와 같은 기적을 행할 능력을 갖게 되더라도 그와 같은 행위는 하지 못할 것 같다. 그에게서 그와 같은 마법의 능력을 얻기를 갈망할 뿐 그가 그 능력을 누구를 위해 어떤 식으로 썼는지에 대해서는 관심을 갖지 않았기 때문이다. 다른 사람들이 갖지 못한 그의 신비로움과 거룩함은 기적을 행하는 능력이 아니라, 기적을 행하는 고결한 의도와 마음씨, 자비와 사랑에 있었다.

내가 심고 돌보며 거두지 않은 식물들이 식탁 위에 가지 런히 놓여 있을 때가 있다. 이는 만나가 이슬처럼 내려 빵이 되는 것보다 더 놀라운 일일 수도 있다. 그런데 나는 마치 그럴 자격이 있어서 그것을 먹는 것이라고 생각한다. 아무런 감사함 없이 먹는 내 모습, 불현듯 들려오는 그의 말에 온몸이 떨린다.

"사람은 빵으로만 살 것이 아닙니다."

빵을 만나처럼 베푼 신이 빵을 얻고 먹는 방식에 관해 말한 규칙에 따라야 인간적 품격을 지키며 아름다운 삶을 살 수 있다. 빵을 나누는 삶이야말로 그가 보여주고 행했던 삶이다. 과연 나도 그런 삶을 살 수 있을까? 그의 삶에 감격하면서도, 그의 곁으로 다가가지 못하고 그 주변을 서성인다.

아홉째 날, 금요일

권력의 유혹 앞에 서다

•

그는 로마 총독 앞으로 끌려갔다. 총독이 물었다.

"당신이 유대인들의 왕이오(tu es rex iudaeorum)?"

당시 이스라엘은 로마의 식민지였다. 기원전 63년부터 로마는 이스라엘을 지배했고 총독을 파견하여 통치했다. 총독은 그가 로마의 식민 지배에 항거하여 유대인들을 해방하려는 반역의 지도자인지 궁금했다. 만약 그렇다면 그는 위험한 존재였다. 식민지를 안정적으로 지배하고 유지하려면 그를 제거해야 했다.

그러나 그를 위험한 존재로 생각하며 초조해했던 사람들은 그와 동족인 유대의 대제사장들과 장로들이었다. 그들은 로마인들과 한통속이었고 종교라는 제도를 이용하여 권력과 부를 누리면서 동족의 고통을 외면했다. 그는 그들의 악랄함과 파렴치함이 경건한 종교의 허울 속에 감추어져 있음을 직시했고 매섭게 고발하고 질책했다. 그는 그

고행의 이유는 · 39

들에게 눈엣가시였다. 그들은 자신들의 기득권을 유지하기 위해 그를 없애버리려 했다. 무뢰배를 동원하여 그를 잡았고 정치적 반역과 종교적 불경죄로 고발하여 그를 죽음의 함정에 빠뜨리려고 했다.

그는 로마 총독의 물음에 대답했다.

"당신이 말하고 있습니다(tu dicis)."

곁에 있던 유대의 종교지도자들은 그것 보라는 듯이 앞다퉈 그를 고발했다.

"보시오, 저들이 당신을 고발하고 있소. 그들의 증언은 당신에게 불리하오. 당신이 말해보시오."

그는 더 이상 아무 말도 하지 않았다. 그는 유대인의 왕일까? 그는 유대를 로마로부터 해방시키고 왕위에 오르기 위해 민중들을 선동하고 떼를 지어 돌아다니면서 새로운 나라의 건설을 꿈꾸며 외쳤던 것일까? 로마 총독의 눈에 그는 그런 사람처럼 보이지 않았다. 가난한 목수 출신에 나약한 모습으로 끌려온 그에게서 정치적 반란의 죄를 찾기는 어려웠다. 그 밖에도 고발자들이 주장하는 다른 어떤 죄도 그에게서 찾을 수 없었다. 놀라운 사실은 그가 그 어떤 말로도 자신의 무죄를 입증하려 하지 않고 모든 수모와 핍박을 견뎌내는 것이었다.

그는 정말로 자신이 유대인의 왕임을 자인한 것일까? 그는 침묵으로 정치적 반란의 죄를 인정한 것일까? 3년 전 그는 권력의 유혹 앞에 섰던 적이 있었다. 곡기를 완전히 끊은 채 광야에서 극한의 고통을 견디며 오직 자기 자신과 대면하던 절대적 고독의 시간 40일이 지난 뒤 그는 아주 높은 산에 올랐다. 그의 시야에 천하만국과 그 영광이 눈부시게 들어왔다.

"보이시오? 당신이 보고 있는 이 모든 권위와 그 영광을 내가 당신에게 주겠소. 세상을 지배할 모든 권력이 내게 주어진 것이라 나는 내가 원하는 자에게 원하는 만큼의 권력을 줄 수 있소. 나에게 무릎을 꿇고 절을 한다면 당신에게 모두 주겠소."

하지만 그는 세속적 권력의 유혹에 굴복하지 않았다. 그는 지고한 왕과 황제의 권좌를 포기하고 가장 낮은 곳에서 고통받는 사람들 곁을 지키는 삶을 선택했다. 그로부터 3년 뒤 그가 로마 총독 앞으로 끌려와 신문을 당할 때 놀랍게도 그는 자신이 유대인의 왕임을 자인하는 것처럼 보였다. 정말일까? 그렇다면 그 까닭은 무엇일까? 권력에 짓이겨지던 그의 모습을 떠올리며 깊은 의문에 빠진다.

열째 날, 토요일

사람들에게 돌아오다

·

권력은 달콤하고 매력적이다. 정의로운 자에게는 자신의
고귀한 이상을 실현할 수 있는 효율적이며 공식적인 힘이
될 수 있다. 반면 불의한 자에게는 부당하며 이기적인 욕망
을 채우기 위해서라면 무슨 일이든 할 수 있게 하고 어떤 형
벌도 피할 수 있는 막강한 힘을 줄 수 있다.

그가 권력을 손에 넣고 로마 식민 치하에서 고통받는
동족을 해방한 후 선한 의지로 통치한다면 구원의 메시
아로서의 역할을 다할 수 있지 않았을까? 그러나 그는 거
룩하고 고귀한 존재와 자신 사이를 '갈라(dia-)놓을 수 있
는(-bolos) 악한 존재(diabolos)'인 사탄에게 굴복해야만 얻을
수 있는 권력을 단호히 거부했다. 악에 무릎 꿇고 쥐게 될
권력으로는 고통받는 사람들에게 진정한 구원과 해방을
줄 수 없다는 사실을 깨달았던 것일까?

그는 40일의 금식과 절대 고독을 통해 세속적인 모든 가

치를 비우고 한껏 맑아진 영혼을 갖고 있었다. 그는 사악한 속성의 세속적 권력을 깨끗이 포기했다. 그러고는 몸을 추스르고 광야를 떠나 다시 사람들에게 돌아왔다. 얼마 후 그는 자신에게 세례를 주었던 요한이 헤롯왕에게 체포되었다는 소식을 듣고 고향을 떠났고 그때부터 사람들을 향해 입을 열기 시작했다. 그는 마치 새로운 왕국에서 파견된 전령 같았다.

"생각을 바꾸십시오(metanoeite). 하늘의 왕국(hē basileia tōn ouranōn)이 가까이 왔습니다."

그는 사람들에게 '의식(noein)'의 '전환(meta-)'을 촉구했다. 이는 가치관의 전복을 의미했고 새로운 가치관이 통하는 새로운 세계를 선포하는 것이었다. 세계를 지배하는 기존의 가치관이 근본적으로 죄악임을 선언하며 그것에서 벗어나라는 회개의 명령이었다. 새로운 생각, 가치관의 혁신,

윤리와 도덕의 혁명이 필요하다는 외침. 그것이야말로 다가오는 새로운 세계, 하늘의 왕국을 준비하는 최선의 행동이었다. 광야생활 이후 복귀한 그가 세상에 던진 첫 번째 메시지는 바로 새로운 왕국에 대한 '복음(euangelion)'이었다.

하늘의 왕국? 구름 위에 성벽을 세우고 허공 속에 새로운 나라를 건설하겠다는 말인가? 이 무슨 뜬구름 같은 소리란 말인가? 로마 식민 치하에서 구원과 해방의 메시아가 간절한 판에 누구를 현혹하려는 개수작인가? 그의 의도는 도대체 무엇인가? 의심의 눈초리, 아니 비웃음과 멸시, 분노의 시선이 그에게 쏟아지는 화살처럼 꽂혔을 것이다. 그러나 그가 가난하고 약하고 병든 자를 따뜻하게 맞이하며 어루만져주고 정성껏 위로하고 치유하자 그에 대한 소문이 빠르게 퍼져나갔다. 그가 무슨 말을 하는지 들어보려는 사람들이 모여들기 시작했다.

"심령이 가난한 자에게는 복이 있습니다. 하늘의 왕국은 바로 그런 사람들의 것입니다."

　세속적 탐욕은 모두 버리고 욕망을 비운 심령(pneuma)을 가진 사람들이 복을 받는 나라, 소박하고 깨끗하므로 마음이 가난한 사람들이 잘살 수 있는 나라, 의로운 사람들이 주인이 되는 나라! 그는 천상에나 있을 법한 왕국을 그려주었고 꿈같고 이상적이며 아름다운 나라의 시민이 될 수 있는 도덕적 조건을 제시했다. 그들에게 그것은 달콤한 복음이었다. 잘살기 위해서는 남보다 더 뛰어나야 하고, 여차하면 남을 짓밟아야 하며, 남의 것을 빼앗아야 하고, 권력을 쥐거나 권력 가까이 있는 '금수저'들만이 위세를 부리며 떵떵거릴 수 있는 나라, 욕심 부리지 않고 정직하고 성실하게 사는 사람들이 손해를 보며 약한 사람들이 보호를 받지 못하는 나라, 그런 나라에서 고통스럽게 살던 사람들은 그가 말하는 새로운 나라, 천상의 왕국 이야기를 듣고 감격하기 시작했다.

그가 말하는 나라가 세워질 수만 있다면 얼마나 좋을까. 그가 하늘에 그리는 새로운 왕국을 이 땅으로 끌어내려 실현할 수만 있다면, 가난한 마음으로 평화롭고 축복된 삶을 살 수만 있다면 얼마나 좋을까. 이 지긋지긋한 로마 식민 치하와 그에 부역하는 간교한 무리의 억압에서 벗어나 그가 그려주는 나라에서 살 수만 있다면 그를 끝까지 따르리라. 그가 '새로운 나라'를 말하면 말할수록 사람들은 그에게서 메시아의 희망을 보기 시작했다. 그리고 '지금 여기'의 나라에서 권력을 쥔 자들은 그가 말하는 새로운 나라의 도래를 두려워하기 시작했다.

새로운 세상

·

"생각을 바꾸십시오. 하늘의 왕국이 가까이 왔습니다."

그가 이 말을 외치기 전에 이미 그에게 세례를 주었던 요한이 먼저 그 말을 외쳤다. 요한은 당대 유대의 종교지도자들이 로마의 세속적 권력과 타협하여 특권을 누리면서 동족을 고통에 빠뜨리고 자신들을 종교적으로 그럴듯하게 포장하고 있음을 직시했고 그들을 질타했다.

"독사의 자식들아. 누가 너희에게 닥칠 진노를 피하라고 알려주더냐! 생각을 바꾸지 않고 이전의 생각대로 살았던 과거의 죄악을 회개하지 않는다면 재앙을 피할 수 없다. '의식의 전환(metanoia)'과 가치관의 혁신이 있다면 그에 상응하는 실천의 열매를 맺어야 한다. 좋은 열매를 맺지 않는 나무는 찍혀서 불에 던져질 것이다."

요한은 종교지도자들에게 엄중히 경고했다.

나라가 곧 바뀔 것이라는 암시도 있었다. 부정과 위선, 약

자에 대한 핍박과 잔혹한 힘의 논리가 통하던 적폐의 나라
는 머지않아 청산될 것이며 하늘의 왕국이 이내 올 것이라
는 외침으로 들렸다. 그 나라는 정의가 강물같이 흐르며 하
늘의 고결한 원리가 지배하는 곳이리라. 요한은 새로운 나
라가 임박했음을 선언했다. 가까이 다가온 '천국'에 걸맞게
새로운 의식, 가치관, 윤리, 도덕을 갖추라고 외쳤다.

　그가 아무도 없는 광야로 나가 40일 동안 고독과 배고픔
을 견디며 지냈던 때는 요한의 말을 듣고 세례를 받은 직후
였다. 그는 그곳에서 육체의 근원적인 욕망, 세속적 권력의
유혹과 싸웠다. 그가 광야를 떠나 다시 사람들에게 돌아왔
을 때 요한은 세속적 권력에 의해 잡혀가 투옥되었다. 요한
은 정치적 혁명과 독립을 선동하는 위험인물로 찍혔던 터
였다. 그러나 요한을 위험인물로 본 이들은 로마인들이 아
니라 유대의 정치·종교지도자들이었다. 그들은 자신들이

잘 먹고 잘 사는 세계, 자신들의 부정과 위선, 적폐가 통하는 세계가 무너지는 것이 두려웠다. 정의로운 세계를 필요로 하지 않았으며 가치의 전복을 거부했다. 그들은 부패한 기득권을 포기할 의지가 전혀 없었다. 그런데 요한이 자신들의 치부를 쉴새없이 건드렸던 것이다. 아니 어쩌면 그들은 자신들의 잘못 자체를 깨닫지 못하고 옳게 살아가고 있다고 믿고 있었고, 요한이 과대망상에 사로잡혀 자신들을 부당하게 시기하고 헐뜯고 있다고 생각했는지도 모른다. 정의는 여전히 자신들에게 있다고 착각했던 것이다.

그런 상황에서 그는 요한의 뒤를 이어 용감하게 외쳤다.

"생각을 바꾸십시오. 하늘의 왕국이 가까이 왔습니다."

요한이 결국 목이 잘려 처형되었을 때도, 요한을 잃고 희망도 잃은 수많은 사람이 그를 찾아왔을 때도 그는 절망과 우울함, 두려움을 모두 떨쳐내고 그들에게 '하늘의 왕국',

즉 '신의 왕국(hē basileia tou Theou)'에 관해 이야기해주었다. 그것은 치유였고 희망이었으며 새로운 삶을 향한 의지였다.

그는 하늘의 왕국 시민이 되기 위해 필요한 태도와 조건을 제시했다.

"심령이 가난한 사람에게 복이 있습니다. 천국은 바로 그들의 것입니다. 그 나라에서는 애통하는 자가 위로를 받고, 온유한 자가 땅을 기업으로 받으며, 의에 주리고 목마른 자가 배부를 것이며, 긍휼히 여기는 자가 긍휼히 여김을 받을 것입니다. 지금 이 타락한 세상에서 의를 위해 박해받는 사람이 바로 그 천국의 주인입니다. 마음이 청결한 자는 신을 볼 것이고 화평하게 하는 자는 신의 아들이라고 불릴 것입니다."

그의 가르침에 따라 살다가 세속적 권력에서 소외되어 핍박을 받는다 하더라도, 그의 가르침을 무시하는 불의한 자들에게 욕을 먹고 박해를 당하고 거짓 모함을 당하더라도 노하거나 슬퍼하지 말고 오히려 기뻐하고 즐거워하라고 격려했다. 이런 노력이 새로운 세상을 이룰 것이며 그렇게 새로운 세상이 온다면 그때 충분한 보상을 받지 않겠느냐는 뜻이었다. 하늘에 있다는 그 새로운 나라는 이 땅 위에 실현되어야 마땅한 희망의 유토피아였다. 과연 그런 나라가 있을까? 현실에 피곤했던 수많은 사람이 그의 말에서 희망을 느끼며 설레는 마음으로 그에게 귀를 기울이고 있었다.

열두째 날, 화요일
'하늘의 왕국'

∙

로마 식민 치하에서 유대인들에게는 해방의 희망이 보이지 않았다. 가난하고 약한 사람들은 무시당하고 핍박과 고통에 시달려야 했다. 세리로 로마 권력에 부역한 자들이 그들의 등골을 빼먹었고 종교적 규례를 쥐고 있는 자들이 신의 이름으로 그들을 겁박하며 로마 권력과 타협했다. 약한 사람들과 의로운 사람들이 인간답게 대접받고 살 수 있는 여지가 없었다. 절망적인 상황이었다.

그는 패역한 세대를 비판했다. 의식의 전환과 가치관의 혁신을 촉구했고 새로운 왕국의 도래를 예고했다. 그러나 언뜻 뜬구름 잡는 소리처럼 들렸다. 그가 말한 새로운 왕국은 사람들이 땀을 흘리며 살아가는 땅에 있는 왕국이 아니라 '하늘의 왕국'이요, '신의 왕국'이었기 때문이다.

그의 말에서 구원을 찾으려면 종교적 조건을 갖추어야 했다. 세계를 창조하고 섭리하는 유일한 신, 눈에는 보이지 않는 그 신의 존재를 믿어야 했고 이 땅 너머 저 하늘 어딘가에 존재하는 왕국이 있음을 믿어야 했다. 절대적인 신이 땅의 악한 세력을 몰아내고, 악한 자들을 심판하며, 하늘나라를 펼치리라는 것을 믿어야 했다. 만약 그것을 실현 불가능한 사실이라고 믿는 순간 그의 '천국' 이야기는 헛소리라고 여길 것이다. 가난과 고통에 허덕이는 사람들을 달콤하게 현혹하는 마약 같은 이야기라고 생각하게 될 것이다.

그것이 아니라면 그가 그리는 '하늘의 왕국'이란 하나의 은유로 받아들여야 했다. 그가 조만간 민중의 힘을 규합하여 로마의 권력과 그에 부역한 세력들을 몰아내고 이 땅에 건설할 정의롭고 아름답고 풍요로운 국가를 가리키는 상징적 가칭이라고 생각해야 했다. 로마인들과 부역하는 동족들의 경계를 늦추고 의심을 피하기 위한 위장 언어라고 여겨야 했다. 그 표현 속에는 정치적 혁명의 의도가 숨겨져 있다고 해석해야 했다. '하늘의 왕국'이란 표현은 이집트 노예 생활에서 해방된 선조들이 고된 광야생활을 견디며 지향하고 꿈꾸었던 '젖과 꿀이 흐르는 땅'과 같은 희망의 기표요, 정치적 전복을 기획하는 결사의 비밀 코드여야 했다.

그의 말을 액면 그대로 받아들였든 정치적 기획을 감추기 위한 비유로 해석했든 그의 '천국' 이야기를 듣기 위해 많은 사람이 모여들었다. 그는 이 땅의 나라에서 자행되는 온갖 부정의와 모순을 비판했고 정의와 진리에 입각한 윤리와 도덕이 충분히 보상받으리라는 약속을 선포했다.

"지금 여기 이 나라에서는 불의한 자가 부와 권세를 누리고 의로운 자가 핍박받지만, 곧 하늘의 왕국이 올 것입니다. 그러니 생각을 완전히 바꾸십시오. 의로운 자가 복을 받고 그 나라의 주인이 될 것입니다. 불의한 자는 그 대가를 치르게 될 것입니다."

그것은 지금 우리가 꿈꾸는 나라이기도 하다. 우리의 정
치적·도덕적 희망이다. 그때 그곳에서는 더욱더 절실했을
것이다. 사람들은 그에게서 위안과 치유를 받았고 구원의
희망을 보았다. 시간이 지날수록 그의 곁으로 모여드는 사
람들이 점점 많아졌다. 어쩌면 그가 그들을 모아 기존의 추
악한 질서를 뒤엎고 새로운 나라를 건설할지도 모를 일이
었다. 천국에의 희망은 혁명의 불씨처럼 싹터 오르는 것만
같았다.

삶이 극도로 팍팍해진 그때

•

"먹고사는 일이 너무 팍팍합니다. 저 나쁜 놈들은 불법을 저지르고도 처벌받지 않고 잘 먹고 잘 삽니다. 가난이 서럽고 세상이 불공평하니 억울합니다. 다 때려 부수고 싶습니다. 당신이 말한 그 '하늘의 왕국'이라는 것, 오긴 오는 겁니까? 당신이 나서 주면 안 되겠습니까?"

가난한 자에게 뻗쳐오는 유혹들이 있다. "먹고사는 문제를 해결해줄 테니 이거 어때?" 하며 더러운 손이 내미는 불의에 타협하고 싶은 마음, 아니면 불의한 부와 권력을 정의의 이름으로 응징하고 박살 내버리겠다는 혁명의 결연한 충동, 이도저도 아니면 체념하고 기존 체제에 순응하고 싶은 욕구 아닌 욕구. 그리고 막연히 어딘가에 약하고 착한 사람을 위한 낙원이 있으리라, 그곳에 갈 수 있으리라는 나약한 희망처럼 하늘거리는 욕망. 언뜻 그의 말은 마지막 유혹을 부추기는 것 같았다.

"악한 자와 대적하지 마십시오. 누구든지 당신의 오른편 뺨을 치거든 왼편도 돌려 대십시오."

"당신들의 원수를 사랑하고 당신들을 박해하는 자를 위해 기도하십시오."

하루하루의 삶이 고달팠던 그들에게 이런 말이 무슨 위로가 될 수 있었겠는가? 사랑, 용서, 관용, 절제, 청렴의 가치는 척박한 삶을 이겨내기에는 나약하고, 심지어 비겁해 보이는 덕목이 아니던가? '맨날 당하고만 살라는 말인가? 우리도 먹고살아야지, 저놈들에게 계속 뜯기고만 살 것인가? 신이 있다면 정의의 편이지 않겠는가? 이런 불의가 판을 치는 세상이 계속된다는 것은 신이 없거나 그가 정의롭지 않거나 정의를 실현할 만한 힘이 없는 것 아닌가? 아니면 그 신은 우리에게 철저히 무관심하고 냉혹하단 말인가?'

"공중의 새를 보십시오. 심지도 않고 거두지도 않고 창고에 모아들이지도 않지만 하늘에 계신 여러분의 아버지께서 기르십니다. 여러분은 저 새들보다 훨씬 더 귀하지 않습니까?"

"무엇을 먹을까, 무엇을 마실까, 무엇을 입을까 염려하지 마십시오. 목숨이 음식보다 소중하지 않습니까? 몸이 의복보다 소중하지 않습니까?"

"그것들보다는 먼저 그의 나라, 그의 의를 구하십시오. 그러면 이 모든 것을 여러분에게 더하실 겁니다."

배고픔과 억울함을 호소하며 빵과 빵의 공평한 분배를 요구하는 그들에게 그는 격조 있는 의식의 전환과 가치관의 혁신을 요구했다. '하늘의 왕국'이 임박했음을 선포하면서 그에 걸맞은 도덕적 기품과 인간의 품격을 추구하라고 요청했다. 로마 식민 통치의 정치적 모순이 심화되어 가난한 사람들의 삶이 극도로 팍팍해진 그때였다.

2장

+

나는 누구인가

열넷째 날, 목요일

이 땅의 권력에 초연하다

•

광야에서 40일 금식하고 허약해진 그를 악마가 지극히 높은 산으로 데려갔다. 그에게 천하의 모든 왕국과 그 영광을 보여주었다. 그리고 그에게 말했다.

"이 모든 것을 당신에게 주겠소."

대신 악마 앞에 '몸을 던지듯 엎드려(piptein)' '그의 발등, 옷자락에 입을 맞추는 것(proskunein)'이 조건이었다. 이는 페르시아인들이 왕에게 완전한 굴복을 표시하거나 그리스인들이 제우스 같은 신들에게 모든 것을 맡기며 탄원할 때 취하던 굴종의 자세였다.

쉽게 뿌리칠 수 없는 달콤한 유혹이었다. 천하를 지배할 수 있는 모든 권력(exousia)을 손에 넣을 수만 있다면 잠깐 동안의 굴욕은 견딜 수 있지 않은가. 게다가 이 광야에는 이 치욕의 장면을 보는 이가 아무도 없지 않은가. 비굴하지만 잠깐만 눈을 감자. 이 권력만 있다면 나의 동족을 로마 식민 치하에서 구할 수 있지 않은가.

악마가 말했다.

"'이 땅 위의 모든 왕국'에 대한 권위와 영광은 모두 다 나에게 넘겨졌소. 나는 내가 원하는 자에게 이것을 준다오."

악마가 권세를 갖고 있다고 말한 그 모든 왕국이란 사람들이 살고 있는 지금 여기 '이 땅(oikoumenē)'에 속한 것이다. 당시 사람들은 로마제국을 '이 땅'이라고 표현했고 그보다 옛날에는 그리스인들이 자신들이 살고 있는 그리스 땅을, 나아가 에티오피아나 인디아, 스키티아를 포함하여 페르시아제국까지 사람이 살고 있는 곳을 가리키는 말로 사용했다. 그가 광야에서 40일을 보낸 뒤 사람들에게 돌아와 '하늘의 왕국'과 '신의 왕국'이라는 말을 쓴 것은 악마가 유혹하며 제시했던 '이 땅 위의 모든 왕국(pasai hai basileiai tēs oikoumenēs)'과 차별성을 주기 위해서였다. '하늘의 왕국(hē

basileia tōn ouranōn)'이라는 표현은 그가 악마의 유혹을 뿌리
친 거부의 기표였다.

　그는 세속적 권력을 얻기 위해 악에 굴복하지도, 순응하
지도, 타협하지도 않았다. 그렇다고 세속적 권력을 전복하
려는 죽창같이 서슬 퍼런 혁명 의지를 보여주지도 않았다.
그는 악마의 세력에 굴복하고 타협할 수밖에 없는 '이 땅의
왕국'에 초연했다. '이 땅의 왕국'이 요구하는 '황제의 논리',
'황금의 논리'에서 마음을 단호히 돌려 오직 신이 다스리는
'하늘의 왕국'만을 갈망했다. 그것은 의식의 혁명적 전환이
었다. '하늘의 왕국'이 임박했다는 예감 속에서 그 나라에
어울리는 정의와 도덕적 품격을 추구했다. 그리고 사람들
에게 외쳤다.

　"의식을 바꾸십시오(=회개하십시오). 하늘의 왕국이 가
까이 왔습니다."

그의 외침은 또 다른 울림이 있었다.

"지상의 왕국이 요구하는 세속적 가치관을 버리고, 마음을 바꾸고, 의식을 새롭게 전환한다면, 그리고 지난날의 잘못을 뉘우치고 회개한다면 여러분의 새로운 의식에 맞는 '하늘의 왕국'은 곧 오게 될 것입니다. 먹고 마실 것, 입을 것에 연연해하지 마십시오. 고작 그런 것 때문에 악한 권력과 타협하거나 그것에 굴복하지 마십시오. 오직 '하늘의 왕국'과 그 새로운 나라에 어울리는 의를 추구하십시오. 정의가 강물처럼 흐르는 나라에서는 먹고 마시고 입을 문제들은 모두 다 넉넉히 풀리지 않겠습니까?"

아닌 게 아니라 그가 그려주는 하늘의 왕국에서 사는 시민의 자세로 모든 사람이 이 세상을 살아간다면 이 땅의 왕국 자체가 하늘나라와 다를 바 없게 될 것이다. 그래서 그는 이렇게 기도했던 것이 아닐까? 그가 말한 그 하늘의 "나

라가 임하시오며, 뜻이 하늘에서 이루어진 것같이 땅에서
도 이루어지이다. 오늘날 우리에게 일용할 양식을 주옵시
고······." 하늘에 올라가야만 만날 수 있는 그 나라를 이 땅
에 실현하는 방법은 한 사람 한 사람이 마음을 고쳐먹는 길
외에 또 무엇이 있을까? 사람이 변하지 않는 한 아무리 제
도와 체제를 바꾸어도 나라는 여전히 구태의연할 수밖에.

그의 탄생

•

그의 탄생은 신비로웠다. 마태는 그의 어머니가 마리아였지만 약혼자 요셉과 동거하기 전에 처녀인 상태에서 성령으로 아이를 가졌다고 기록하고 있다. 얼마 후 '그녀의 남자(ho anēr autēs)'였던 요셉이 이를 눈치챘다. 아마도 그는 큰 충격과 배신감을 느끼고 분노에 휩싸였을 것이다. 어떻게 해야 할까? 요셉은 정의로운(dikaios) 사람이었다. 그렇다면 불의를 참아서도, 감추어서도 안 되며 정의의 이름으로 심판해야 할 것이다. 그럼에도 불구하고 요셉은 '드러내고 싶어하지 않았고(mē thelōn …… deigmatisai)' '은밀하게 끊고자 했다(eboulēthē lathrāi apolusai)'. 그런데 도대체 무엇을 드러내고 싶어하지 않았고, 무엇을 끊고자 했다는 말인가? 마태의 기록에는 두 동사의 목적어 자리에 '그녀를(autēn)'이 적혀 있다.

요셉이 '그녀를 드러낸다'는 말은 그녀가 자신과 아무 상관 없이, 아마도 다른 남자와 관계하여 임신했다는 사실을 모든 사람이 알도록 폭로하고 그들에게 법적 판단을 맡긴다는 뜻이었다. 정의로운 사람은 본래 불의를 참지 못하고 응징하려 하지 않겠는가? 그러면 분명 마리아는 공개 심판을 받고 부정한 여인으로 낙인찍힌 뒤 사람들에게 끌려나가 돌에 맞아 죽었을 것이다. 그러나 요셉은 그렇게 하기를 원하지 않았다. 왜 그랬을까? 마리아를 사랑해서? 그녀가 불쌍해서? 아니면 약혼녀를 다른 남자에게 빼앗긴 것이 너무나도 수치스러워서?

또한 '그녀를 은밀하게 끊는다'는 말은 무슨 뜻일까? '끊는다'로 새겨진 '아포뤼사이(aplousai)'는 원래 '목숨을 끊다, 죽여버리다, 멸망시키다'라는 의미가 있다. 전체 맥락에서 이 말만 떼어내어 읽는다면 '그녀를 몰래 죽여버린다'는 뜻으로도 읽힐 수 있다. 실제로 호메로스의 서사시에서 '아포뤼사이'는 전쟁터에서 적을 도륙한다는 의미로 많이 쓰인다. 과연 요셉이 말 그대로 철저하게 정의로운 자라면 부정을 저지른 마리아를 정의의 이름으로 심판하고 싶었을 수도 있다. 단, 여러 가지 이유로 요셉은 정의의 심판을 공개적인 방식이 아닌 은밀한 방식으로 다른 사람들은 모르게 집행하고 싶었던 것일 수도 있다. 아니 약혼자의 부정에 대해 살의가 솟구치는 것은 정의로운 사람뿐 아니라 모든 사람에게 자연스러운 일이라 할 수 있다. 정말로 요셉은 마리아가 부정을 저질렀다고 믿고 죽이려 했을까?

그러나 대부분의 사람들은 '아포뤼사이'를 은유로 읽는다. 누군가를 죽이듯 그녀와의 약혼관계를 완전히 소생 불가능하게 끊어버리는 단호한 파혼의 행위로 읽는 것이다. 어쩌면 요셉은 마리아의 부정에 대해 분노하며 마음속으로 수없이 그녀를 죽였을지도 모른다. 말 그대로 죽이고 싶었을지도 모른다. 그러나 그는 죽이는 대신 조용히 그 관계를 끊으려고 했던 것이다. 부정한 여인을 아내로 맞이한 사실이 알려지면 손가락질 당할 일이 두려웠던 것일까?

요셉이 조용히 해결 방안을 찾고자 '곰곰이 생각하고 있을 때(enthumēthentos)' 꿈에 나타난 천사가 잉태의 비밀을 알려주었다. 태어날 아이가 자기 백성을 그들의 죄에서 구원할 자임과 동시에 임마누엘을 입증하는 증표라 했다. 특별한 아이임에 틀림없었다. 잠에서 깨어난 요셉은 마리아의 순결을 믿었고 그녀의 잉태 비밀을 믿었다. 그녀에게서 태어날 아이를 신의 뜻에 따라 돌볼 것을 다짐했다. 마리아를 아내로 받아들였고 그녀가 잉태한 그 아이가 세상에 태어날 때까지 동침하지 않았다. 요셉은 정말 정의로운 사람이었다.

그런데 그 아이가 유대인들을 '죄(hamartia)'에서 구원할 자라는 이 말의 뜻은 정확히 무엇인가? 로마 식민 치하에서 고통받고 신음하는 동족을 구하여 정치적 독립을 이룬다면 몰라도 백성들을 죄에서 구한다니, 그 아이가 성장하여 유대인들의 영혼을 책임질 종교지도자요, 대제사장이라도 된다는 말인가? 요셉은 천사가 했던 말의 의미를 정확히 깨달았을까? 마태는 그것에 관해 명확히 말하지 않았지만 요셉이 천사의 말에 따라 행동했다는 것은 분명히 기록하고 있다.

그가 태어났을 때 예루살렘으로 '동방 박사(magos)'들이 찾아왔다. 그들은 그의 별을 보았던 것이다. 당시 예루살렘의 왕은 헤롯이었다. 동방 박사들은 '유대인의 왕'이 어디에서 태어났냐고 물었다. 그 소식을 들은 헤롯왕은 깜짝 놀랐다. 자신의 권좌에 위협을 느꼈던 것이다. 헤롯왕은 자신의 권력을 지키고 싶은 욕망에 불타올랐고, 유대인의 왕이 태어난 곳이 베들레헴이라는 정보를 입수하자 반역의 싹을 없애야겠다는 망상으로 두 살배기 이하의 사내아이를 모조리 죽였다. 다행히 그는 천사의 가호로 잔혹한 피바람을 피할 수 있었으나 베들레헴에서는 수많은 갓난아이가 악한 세속적 권력의 칼날에 무참히 목숨을 잃었다.

　그로부터 33년 뒤 그는 '유대인의 왕 예수'라는 죄패가 붙은 십자가에 매달려 무참히 찢겨 죽었다. 태어나기 직전 천사가 요셉에게 말했던 것처럼 그는 그렇게 죽음으로써 결국 유대인들을 죄에서 구한 것일까? 그렇게 죽는 것이 어떻게 사람들을 죄에서 구원하는 것이 될 수 있다는 것일까? 만약 그가 십자가에서 힘없이 죽는 모습을 보았다면 요셉은 과연 어떤 생각을 했을까?

나는 누구인가

·

한 노인이 그를 찾아왔다.

"바로 당신이군요. 오래전부터 당신을 만나고 싶었소. 가슴에 묻어둔 자식 때문이오. 벌써 30년이 더 넘었군요. 참혹한 밤이었소. 그날 밤 군인들이 집으로 들이닥쳤소. 다짜고짜 내 아들을 칼로 베었소. 나만 아들을 잃은 게 아니었소. 베들레헴을 통곡으로 뒤덮은 밤이었소. 사악한 헤롯왕의 명령이었소. '유대인의 왕이 될 아이가 베들레헴에서 태어났다'라는 망할 놈의 소문 때문이었소. 헤롯왕은 제정신이 아니었소. 자신의 권력을 지키기 위해 베들레헴의 갓난아이들을 모두 죽였으니 말이오! 깡촌 베들레헴에서 무슨 유대인의 왕이 나온다고! 나 같은 놈의 아들이 어떻게 유대인들의 왕이 된다고! 천벌을 받을 놈들! 수백 명의 아이가 아무 죄도 없이 그놈들의 칼에 목숨을 잃었소. 그놈도 결국 죽고 말았는데, 나의 삶은 그 이후로 지옥 같았소. 죽음이나 마찬가지였소. 지금도 나에게는 아무런 희망이 없소. 피범벅이 된 내 갓난 아들의 모습이 도무지 지워지지가 않소."

그는 아무 말 없이 노인의 말을 들었다.

"그 소문의 주인공이 당신이라는 말을 들었소."

노인의 눈에는 원망과 분노, 슬픔과 절망, 그리고 실낱같은 희망이 묘하게 섞여 있었다.

"당신이 진정 유대인의 왕으로 태어난 이오?"

노인은 그를 천천히 훑어보았고 그와 함께 있는 이들을 한 명씩 쳐다보았다.

"예루살렘 성전으로 나귀를 타고 올라가는 것을 보았소. 군중들이 겉옷을 벗고 나뭇가지를 꺾어 당신이 가는 길에 펼치더군요. 성전에서 장사치들의 상을 엎으며 호통치는 모습도 보았소. 군중들의 환호성도 들었소. '호산나 다윗의 자손이여'라고 외치더군요. 이제 정말로 당신이 유대인들의 왕이 되는 것이오? 우리를 이 고통에서 구원해주는 것이오?"

　그런 말을 하는 노인을 그가 만났는지는 확실하지 않다. 그런 만남은 없었을지도 모른다. 아니 그 반대로 그런 노인들이 수없이 그를 찾아왔을지도 모른다. 어쩌면 그날 죄 없는 아이들을 칼로 베고 평생 괴로워하며 지내다가 그 참사의 원인이 바로 그였다는 소문을 듣고 찾아와 그를 붙들고 하소연하고 원망하고 회개한 지난날의 무뢰한이 있었을지도 모른다. 그는 자신의 탄생이 그날 베들레헴의 죄 없는 수많은 어린 생명의 피를 불러왔다는 사실을 알고 괴로워 광야로 나가 40일을 헤매었는지도 모른다. 자신의 탄생과 존재 이유를 스스로에게도 묻고 신에게도 물었을지도 모른다. 악마가 세상의 권력을 제안하며 유혹했을 때는 몸서리를 쳤을지도 모른다.

물론 이 모든 이야기가 너무 인간적인 시선으로 그를 바라본 오해일 수도 있고 한낱 상상에 지나지 않을 수도 있다. 그리고 또 이런 생각도 해볼 수 있다. 그는 자신이 이 세상을 떠난 뒤에 인류가 그의 이름을 내걸고 종교를 세우고 그 종교 바깥에 있는 이교도들을 사탄의 세력이라 낙인찍고 살육과 전쟁을 일삼게 되리라는 사실도 알았으리라. 그는 마녀라는 이름으로 수많은 여인을 화형에 처하고 세속적 권력과 결탁한 종교의 개혁을 위해 외치며 나온 사람들이 기존의 세력들과 칼, 창을 휘두르는 전쟁을 벌이고 피를 흘리게 될 것이라는 사실도 이미 그때 알았으리라. 그런 가운데 그는 무엇을 해야 하는지를 깊이 숙고하고 고민했을 것이다. 마지막 날이 다가오자 그가 겟세마네에 올라 피와 눈물과 땀을 흘리며 신 앞에 기도를 올렸던 것도 이런 자신

의 존재 이유에 대한 성찰 및 반성과 깊은 관련이 있었음에
틀림없다.

마리아의 결단

.

그의 탄생은 정말 신비로웠다. 그가 태어나기 전에 천사가 마리아를 찾아왔다. 그리고 말했다.

"은혜를 입은 당신, 평안하시길. 주께서 당신과 함께하십니다. 마리아, 무서워하지 마세요. 당신은 신께 은혜를 입었습니다. 자, 이제 당신은 잉태하여 아들을 낳을 것입니다."

천사는 마리아에게 그의 이름까지 알려주었다. 그리고 덧붙였다.

"그는 큰 자가 되고 지극히 높은 이의 아들이라 일컬어질 것입니다. 주인이신 신께서 그 조상 다윗의 왕위를 그에게 주실 겁니다. 영원히 야곱의 집을 왕으로 다스릴 것이며 그 나라는 무궁할 것입니다."

놀라운 일이었다. 마리아는 요셉과 약혼한 몸이니 곧 결혼할 테고 자연스럽게 아이도 낳을 것이다. 그런데 천사가 말해준 아이는 그렇게 태어날 아이가 아님을 마리아는 직감했다. '큰 자', '지극히 높은 이의 아들', '다윗의 왕위'를 차지하고 야곱의 자손으로 유대인들의 나라를 다스릴 아들이라면 평범한 남자 요셉과의 사이에서 태어날 리가 없다. 그러면 누구와의 사이에서 아들을 낳는다는 말인가? 요셉이 아닌 다른 남자? 왕족의 남자와 결혼이라도 하게 된다는 말인가? 도대체 그녀가 맞이해야 할 '지극히 높은 이'는 누구란 말인가?

"나는 아직 남자를 알지 못합니다."

마리아는 여전히 순결한 처녀, 동정녀였다.

천사는 마리아가 아들을 잉태하게 될 것임을 말했다.

"거룩한 영이 당신에게 임하실 것입니다. 지극히 높으신 이의 능력이 당신을 덮을 것입니다. 그런 까닭에 태어날 거룩한 이는 '신의 아들(huios theou)'이라 불릴 것입니다."

아직 마리아는 순결하다. 남자를 알지 못한 상태일 뿐 아니라 신의 성은을 입기도 전이다. 천사의 말이 모두 미래형인 것은 아직 그녀가 순결한 상태임을 의미한다. 따라서 천사의 '수태고지'는 일방적인 통보나 명령이 아니라 신의 계획을 알려주면서 마리아에게 실존적 결단을 정중하게 요구하는 행위였다. 마리아는 그것을 믿고 수용할 수도, 거부할 수도 있었다.

아니 아예 천사의 말을 헛소리라 여기고 믿지 않을 수도 있었다. 어떻게 그런 일이 일어날 수 있겠는가? 그러나 천사는 늙어서 아이를 갖지 못한다고 알려진 여인도 신의 능력으로 아이를 낳은 실례를 알려주었다. 신의 능력이라면 처녀라도 생명의 열매를 맺게 할 수 있을 것이라는 뜻이다.

"신에게서 나오는 모든 말은 못 할 것이 없습니다."

마리아는 결단을 내렸다.

"주의 여종이오니 당신의 말씀대로 내게 이루어지이다."

그녀는 자칫 부정한 여인으로 몰려 돌에 맞아 죽을지도 모를 위험을 무릅쓰고 천사의 말을 믿고 그대로 받아들이기로 했다.

"죽으면 죽으리라."

그녀가 그렇게 죽음을 각오하고 결단한 믿음의 열매는 바로 그였다.

마리아의 고백

●

마리아는 분명하게 들었다. 그녀가 처녀의 몸으로 낳을 아이, 성령이 임하고 지극히 높으신 이의 능력이 그녀를 덮을 때 그녀가 낳을 아이, 그 아이는 신의 아들이라 일컬어질 것이라는 말을. 그 아이는 다윗의 왕위를 신으로부터 받고 영원히 '야곱의 집'을 왕으로서 다스릴 것이며, 그 나라가 무궁할 것이라는 말을. 천사의 말대로라면 그 아이는 유대인들의 왕이 되며 천하를 호령할 것이다. 그리고 마리아, 그녀는 왕의 어머니, 모후(母后)가 되는 것이다.

그녀는 너무나 기뻤고 신을 찬양했다.

"신께서 그의 여종의 비천함을 돌보셨습니다! 보십시오, 이제 후로는 만세에 나를 복이 있다고 말할 것입니다. 권능자께서 내게 위대한 일을 행하셨습니다. 그의 이름이 거룩하고 그의 긍휼하심이 그를 두려워하는 사람들에게 대대로 있을 것입니다."

그녀는 세상이 뒤바뀔 것을 예견했다. 그것은 혁명의 전조처럼 보였다.

"그의 팔에 힘을 쓰시어 마음의 생각이 교만한 자들을 흩어버리셨고, 권력자들을 왕위에서 내려오게 하셨으며, 비천한 자를 높이셨습니다. 굶주린 자들을 좋은 것으로 배불리셨으며, 부자들을 빈손으로 내보내셨습니다. 그의 시동(侍童, pais)인 이스라엘을 도우셨고 우리 조상들에게 말씀하신 것과 같이 아브라함과 그 자손을 긍휼히 여기시고 기억하실 것입니다."

그녀는 자신과 같이 비천한 몸에서 고귀한 왕이 탄생하고 민족을 구하리라는 희망을 가졌던 것이다.

때가 되어 그녀가 베들레헴 마구간에서 그를 낳고 며칠 후 유대인들의 왕이 베들레헴에서 태어났다는 소문이 돌았다. 화가 난 헤롯왕은 잔혹한 명령을 내렸다. 베들레헴에

서 태어난 두 살배기 이하 아이들은 모두 죽여버리라는 것
이었다. 그녀와 남편 요셉은 헤롯왕의 명령이 자신들의 아
들을 노린 것임을 알아차렸다. 그들은 아이를 구하기 위해
이집트로 도망갔다. 헤롯왕이 죽은 뒤에 그들은 다시 이스
라엘로 돌아왔다.

　마리아가 그를 불렀다.

　"너도 성인이 되었으니 이 말을 해야겠구나. 내가 말을 하
지 않아도 너는 내가 무슨 말을 하려는지 이미 다 알고 있
을지도 모르겠구나. 하지만 그래도 해야겠구나. 네가 어떻
게 태어났는지. 네가 장차 어떤 인물이 되고, 어떤 일을 하
게 될지. 내가 하고자 하는 말이 무엇인지 아직 잘 모르겠
다면, 내가 하는 말이 네게는 꽤나 큰 충격이 될 수도 있을
것이다. 마음 단단히 먹고 들어라. 혹시 내가 말을 할 필요
가 없다면 중간에 말해다오."

마리아는 자신이 겪은 그와 관련된 모든 이야기를 꺼내놓기 시작했다. 밤이 깊어갔다. 마리아가 이야기하는 동안 그는 아무 말도 하지 않고 조용히 그녀의 말만 듣고 있었다.

　　어쩌면 이런 일이 그에게는 필요 없었을지도 모른다. 마리아와 그의 이런 대화에 관해서는 아무런 기록이 없다. 그러나 마리아가 했을 법한 이야기를 이미 그가 알고 있었다 하더라도 그는 그의 어머니가 자신과 관련된 이 모든 일을 어떻게 기억하고, 어떻게 희망하며, 어떻게 생각하고, 어떤 말로 표현하는지를 듣고 싶었을지도 모른다.

믿음은 결단의 노력이다

·

얼마 후 요셉도 그를 불렀다.

"며칠 전 네가 네 어머니와 하는 대화를 들었다. 사실 나
도 네게 할 말이 있다. 네가 열두 살 때의 일 기억나니? 유
월절에 맞춰 예루살렘에 갔을 때 말이다. 모든 일을 끝내
고 집으로 돌아가다가 난 네가 없어진 것을 알고 깜짝 놀라
다급히 예루살렘 성전으로 되돌아갔지. 사흘을 헤매고서
야 너를 찾았다. 그때 너는 율법 선생들과 열띤 토론을 벌이
고 있었지. 너는 우리가 없어졌어도 아무렇지 않아 보였다.
사람들은 너의 지혜와 대답에 놀라면서 칭찬을 아끼지 않
았단다. 난 너에게 목수일밖에는 가르쳐준 것 없는데, 어
떻게 저럴 수가 있을까 깜짝 놀랐다. 너는 그때 이렇게 말했
다. '어째서 저를 찾으셨나요? 제가 제 아버지 집에 있어야
될 줄 알지 못하셨나요?' 나는 또 한 번 깜짝 놀랐단다. 나
는 네 아버지 노릇을 정말 충실히 했는데, 그곳을 자기 아

버지 집이라고 하다니! 어떻게 된 거지? 얘가 자기 출생의
비밀을 다 알고 있는 건가?"

잠시 침묵이 흘렀다.

"대답하지 않아도 좋다. 하지만 어쨌든 나도 내가 해야 할
말을 해야만 할 것 같다. 어쩌면 너는 내가 말하려는 걸 이
미 다 알고 있을지도 모르겠다. 내가 말할 필요가 없다고
생각되면 말해주렴."

요셉은 자기가 그의 친아버지가 아니라는 사실을 말해
주었다. 마리아와 약혼한 뒤에 그녀가 그를 임신한 사실을
알게 된 것, 하지만 이를 드러내지 않고 조용히 끊으려고 했
던 것, 그런데 마침 꿈에 천사가 나타나 마리아를 데려오라
고 했던 것을.

"천사는 네가 우리 백성들을 그들의 죄에서 구원할 자라
고 말했다. 꿈에서 깨어났을 때 무척 혼란스러웠다. 하지만

난 네 어머니가 부정한 짓을 해서 너를 가졌다고 믿지 않기로 했지. 하지만 이 모든 일을 믿을 만한 사실이라서 믿었던 것은 아니다. 어쨌든 나는 꿈에서 천사가 말한 그대로 네 아버지는 나와 같은 한낱 인간이 아니라 성령이라고 믿기로 했다. 이 믿음을 지키려고 정말 노력을 많이 했다."

그리고 베들레헴에서 벌어진 유아 학살의 참상도, 이집트로의 힘겨운 피난도, 오랜 타지생활 뒤에 간신히 이스라엘로 돌아온 것도 모두 이야기했다.

"이 모든 일이 너무나도 생생한데, 모두 다 꿈만 같구나. 이 모든 일을 합리적으로 받아들이기엔 내겐 너무 벅찼다. 네가 정말 유대인들의 왕이 될지, 그것도 사실 썩 믿어지지는 않는다. 너도 알다시피 난 네가 그렇게 될 수 있도록 도와줄 힘도, 돈도, 권력도 없지 않느냐? 더군다나 난 네가 우리 백성들을 죄에서 구원한다는 천사의 말이 무슨 뜻인지 아직도 잘 이해하지 못했다. 그래도 믿기로 했다. 이 모든 일이 이해되기 때문에 믿는 것은 아니란다. 어쩌면 나는 너무나 불합리하기 때문에 믿는 것인지도 모르겠다. 도무지 내 머리, 내 상식으로는 우리에게 일어난 일들을 이해하는 게 너무나 힘들다. 그렇다고 믿지 않고 합리적인 방식으로 이해하려고 들면 너무나 고통스럽다. 그래서 난 네 어머니의 순결을 믿었고, 네가 신의 아들임을 믿었고, 네가 유대인의 왕이 되어 백성들을 구원할 거라고 믿으려는 거다. 내게 믿음은 신이 거저 주는 은총이 아니라 하루하루 고통스럽게 결단해야만 하는 노력이란다."

요셉의 이야기도 밤 깊도록 이어졌다. 그는 이번에도 아무 말 없이 그 모든 말을 듣고만 있었다.

나일 수 없는 나

·

그가 마리아와 요셉으로부터 탄생의 비밀을 들었다면 온전히 인간인 한 그는 정체성에 심각한 혼란을 겪었을 것이다. 나는 누구인가? 정말 신의 아들인가? 그는 요한을 찾아갔다. 요한이 그의 머리에 물을 붓고 세례를 행했다. 흘러내리는 물과 함께 혼란이 씻겨 내려가는 것 같았다. 그때 놀라운 일이 일어났다. 하늘이 열리고 신의 성령이 비둘기처럼 내려와 그의 위에 머물렀다. 그리고 신의 목소리가 들렸다.

"이는 내 사랑하는 아들이요, 내 기뻐하는 자라."

그리스 로마 신화에는 영웅(hērōs)이 있다. 영웅은 독특한 유전적 특징이 있다. 부모 가운데 한쪽이 신이고 다른 한쪽이 인간이다. 예컨대 헤라클레스의 어머니는 알크메네라는 여인이었지만 아버지는 올림포스 최고의 신 제우스였다. 영웅은 이렇게 인간과 신 사이에서 태어난 존재였다. 인간의 조건을 갖추고 있으면서도 신적인 능력을 지닌 존재. 신도, 인간도 아닌, 그 중간인 반신반인의 존재. 영웅은 그런 존재였다. 로마의 경우도 마찬가지다. 로마를 세운 로물루스도 어머니는 레아 실비아라는 여인이었지만 그의 아버지는 전쟁의 신 마르스였다. 화로의 여신 베스타 신전의 여사제로 처녀의 몸이었던 그녀에게 마르스가 찾아와 사랑을 나누었던 것이다. 그리스·로마의 신화적 세계에는 이와 같은 태생의 수많은 영웅과 그들의 어머니와 아버지 역할을 하는 신들이 등장한다. 그것은 그들의 종교였다.

그가 태어났을 때 로마는 공화정이 유명무실해지고 황제가 다스리는 제국이 되어 있었다. 이 정치적 변화를 이끈 사람은 아우구스투스 황제였다. 황제는 자신의 권력을 정당화하기 위해 자신을 신격화하는 작업을 했다. 자신을 찬양하는 시를 짓게 하고, 영원한 젊음을 지닌 불멸의 존재로 느끼게 할 조각상을 로마 곳곳에 세웠으며, 자신의 공적비를 세우고 모두 신들의 뜻에 따른 것이라고 선전했다. 나아가 황제는 지상의 유피테르가 되기를 갈망했다. 황제는 자신이 신의 혈통을 타고난 영웅이며 승천하여 천상의 별처럼 빛나는 신이 되리라는 이야기를 만들어 퍼뜨렸고, 사람들은 황제를 신처럼 숭배하며 그 신화를 기꺼이 받아들이며 제국의 힘을 만끽했다.

그는 그런 생각을 가진 사람들이 위세를 떨치던 시대에 태어나 자랐다. 그러나 그의 백성들은 전혀 다른 세계관을 갖고 있었다. 그들의 이야기 속에는 그리스 로마 신화에 나오는 영웅은 없었다. 신은 신이고 인간은 인간이며, 신은 유일무이한 존재였다. 게다가 인간은 흙에서 창조되었기 때문에 죽으면 다시 흙으로 돌아가는 부질없는 존재였다. 오직 신만이 영원한 존재였다. 영원한 존재인 신과 인간이 결합하여 아이가 태어나고 영웅이 된다는 것은 그들의 이야기 어디에도 없었다. 그들은 그들만의 이야기를 굳게 지키고 그 안에서 유일한 신을 섬기며 살았다. 그것이 그들의 진실이고 진리며 사실이었다. 그 이야기의 틀 안에서 인간과 세계와 역사를 해석하며 살아가고 있었다. 그런데 만약 그가 그의 어머니와 아버지 말대로 태어난 것이라면 그는 그의 민족이 지켜오던 이야기 속에서 가장 독특한 존재였다. 신이면서 동시에 인간인 존재. 여인의 몸에서 태어난 신의 아들. 그들을 지배하던 로마인들의 눈에 그는 일종의 '영웅'인 셈이었다. 그렇기 때문에 그의 존재론적 특징은 로마인들에게는 오히려 익숙했던 반면, 동족인 유대인들에게는 완전히 새롭고 낯설었다.

그와 그의 백성들, 그리고 그의 조상들은 자신들의 이야기를 오랫동안 굳게 지키며 살았다. 로마제국의 식민지였을 때에도 그들은 그들의 종교를 지켰다. 그리스의 알렉산드로스 대왕이 그의 조상들을 정복했을 때에도 그리스 신화는 그들의 이야기를 대체하지 못했다. 그 먼 옛날 이집트에서 노예생활을 했던 그때에도 강력한 이집트 신화가 그들의 이야기를 지우지 못했고 바빌로니아와 페르시아가 그들을 지배할 때에도 그들은 그들만의 이야기를 지켰다. 그들은 그것을 진리라 여기고 그 이야기 속에서 끈질기게 살아나갔던 것이다.

사람들이 그에게 물었다.

"당신이 정말 신의 아들인가?"

이 질문은 이교도인 그리스·로마 인에게는 '당신은 영웅인가?'라는 뜻이었다.

빵을 거부한 까닭

·

요한에게 세례를 받았을 때 그는 하늘로부터 "내 사랑하는 아들(ho huios mou ho agapētos)"이라는 신비로운 소리를 들었다. 이전에 그가 마리아와 요셉에게 출생의 비밀을 들었다면 이는 그 내용과 완벽하게 일치한다. 마리아는 천사로부터 그가 나중에 "'신의 아들(huios theou)'이라고 일컬어질 것이다"라는 말을 들었기 때문이다. 그는 자신의 존재, 정체성에 대해 감당하기 버거운 거대한 무게를 느꼈다. 그는 줄곧 자신을 가리킬 때 '인자(人子)', 즉 '사람의 아들(huios to anthrōpou)'이라고 말했는데, 애써 '신의 아들'이라는 무게를 덜어내기 위해서였을까?

마태의 기록에 따르면 그는 세례를 받을 때 비둘기처럼 그의 머리 위에 내려왔던 신비로운 힘에 이끌려 광야로 나갔다. 마가는 성령이 그를 광야로 몰아냈다고 기록했다. 그러나 그것은 그의 실존적 결단이기도 했다. 그를 광야로 이끈 것은 그 자신이었다.

  40일 동안 곡기를 끊었다. 끊임없이 물었을 것이다. 나는 누구인가? 나는 정말로 신의 아들인가? 나는 유대인의 왕이 될 운명으로 태어났는가? 그렇다면 나는 무엇을 해야 내게 주어진 사명을 완수할 수 있는가?

  그때 그의 앞에 악마가 나타났다.

  "당신이 정말로 신의 아들이오? 그렇다면 이 돌들로 빵을 만들어보시오."

  악마의 유혹은 달콤했다. 그는 40일을 금식하며 배고픔에 시달리는 동안 먹고 싶은 욕망과 몸부림치며 싸웠다. '정말 내가 신의 아들일까?' 그렇다면 참 이상한 일이다. 이렇게 허리가 끊어지게 배가 고플 수가 없다. 그는 허기 끝에서 어른거리는 죽음의 그림자를 느끼면서 심각하게 의아해했다. 신도, 신의 아들도 인간처럼 배고픔을 느끼는 존재인가? 그것이 아니라면 그는 왜 배가 찢어지게 고픈가? 이 처절한 배고픔은 그가 한낱 인간에 불과할 뿐임을 증명하는 확실한 증거가 아닐까?

그러나 그는 악마의 말을 따를 수 없었다. 그것은 단지 자신이 신의 아들이라는 믿음에서 괜히 돌들에게 "빵이 되거라!" 명령했다가 이루어지지 않았을 때 사게 될 악마의 비웃음, 그로 인해 그가 당해야 할 모욕과 수치가 두려워서가 아니었다. 만에 하나 그가 정말 신의 아들이고, 신의 아들로서 신비로운 힘을 갖고 있다면 그 힘을 고작 굶주린 자기 육신의 배를 채우는 데 써야 하는가? 악마의 달콤한 유혹에 넘어가 고결한 능력을 허비할 수는 없었다. 결코 그럴 수 없다는 결기에서 내린 판단이었다. 그는 단호히 거절했다.

"'사람이 빵으로만 살 것이 아니요, 신의 입으로부터 나오는 모든 말씀으로 살 것'이라는 기록이 있소. 나는 당신의 말대로 하지 않겠소."

악마의 유혹을 거부하는 그의 단호한 태도는 우리를 숙연하게 만든다.

우리는 신과 자연과 부모가 우리에게 거저 준 것이나 다름없는 우리의 타고난 능력과 특권을 주로 내가 먹고사는 데만 사용하지 않는가?

오늘 넉넉히 먹고 마시고, 내일도 모레도 한동안 먹고살 것들이 충분하면서도 우리는 막연한 미래의 배고픔과 무능을 상상하면서 더 오랜 기간 먹을 것을 축적하기 위해 고심하고 노력하지 않는가?

심지어 배고픔처럼 절실하지도 않은 것들을 위해 탐욕을 멈추지 않고 수많은 사람이 기아에 허덕이는데도 우리는 내가 아닌 다른 존재의 배고픔에는 철저히 무감각하면서 나의 배고픔에는 지극히 민감하지 않은가? 배고픈 육체를 채우는 것은 자연스러운 일이라고 할 수 있지만 그 이상을 추구하지 않는 삶은 도대체 어떤 가치가 있다는 말인가?

게다가 그의 앞에 무릎을 꿇는 수많은 사람이 그의 힘, 그의 능력에 기대어 그가 거부한 욕망을 채워달라고 기도하는 모습은 얼마나 모순되고 허황된 일인가.

사람들은 믿지 않는다

•

악마는 그를 성전 꼭대기로 데려갔다.

"만일 당신이 신의 아들이라면 뛰어내려보시오. '그가 너를 위해 그의 사자들을 명하시리니, 그들이 손으로 너를 받들어 발이 돌에 부딪히지 않게 하리라.' 이런 기록이 있지 않소? 당신이 신의 아들이라면 아무것도 겁낼 게 없소."

그렇다. 그의 말대로 이곳에서 뛰어내리면 그가 배고픔 때문에 느꼈던 의혹, 그가 신의 아들이 아니라 연약한 육체를 가진 한낱 인간일 뿐이라는 의혹을 단숨에 날려버릴 수 있을 것이다. 그가 그 높은 곳에서 뛰어내려 신의 도움으로 거뜬히 살아난다면 그는 세례를 받고 환청인 듯 들었던 목소리보다 더 확실한 증거를 얻을 것이다. 그러면 그는 그 이후의 삶에서 추호의 흔들림 없이 자신의 과업에 정진할 수 있을 것이다.

만약 그가 신의 아들이 아니라면, 그래서 땅바닥에 그대로 부딪혀 짓이겨져 죽게 된다면 그것도 나쁘지 않을 것이다. 신의 아들도 아니면서 스스로 그리고 다른 사람들로부터 신의 아들, 유대인의 왕, 백성을 죄와 속박에서 구원하는 메시아라는 등의 부담스러운 기대에서 벗어날 수 있을 테니까. 그래, 악마의 말대로 한번 뛰어내려봐?

그러나 이번에도 그는 악마의 유혹을 거부했다. 성전 꼭대기에서 뛰어내린 그가 바닥으로 곤두박질쳐서 박살 날 것이 두려웠기 때문이 아니었다. 그에게 신비로운 특권을 준 신을 시험하고 신의 아들임을 입증하기 위해 뛰어내릴 수 없다는 결단에서였다.

"그러나 이런 기록도 있소. '주되신 너의 신을 시험하지 말라.'"

역설적이게도 그는 악마의 유혹을 거부함으로써 오히려 자신의 정체성에 대한 의혹을 떨쳐버릴 수 있었다. 아니 정확히 말하면 그가 신의 아들인지, 아닌지를 입증하여 의심을 떨쳐버리는 것 자체가 그의 삶에 결정적인 문제가 아닌 것으로 만들어버렸다.

악마는 지극히 높은 산으로 그를 데려갔다. 천하의 모든 왕국과 그 영광을 보여주었다.

"나는 당신이 유대인들의 왕으로 태어났다는 말을 들었소. 그 말대로 된다면 당신은 부와 권세를 누릴 것이오. 하지만 그것만으로는 당신의 백성들을 구하기엔 부족하오. 당신도 알다시피 로마는 당신의 나라와는 비교도 안 될 정도로 크고 강하기 때문이오. 나는 이 세속적 권력에 대한 위임을 받았소. 난 내가 원하는 자에게 권력을 줄 수 있소. 나에게 무릎을 꿇고 절을 해보시오. 그러면 세속적 권력을 다 주겠소. 로마의 황제를 압도할 수 있는 강력한 권력을 말이오."

엄청난 제안이었다. 바로 이것이었나? 유대인들의 왕이 될 운명, 그의 백성들을 해방할 구원자가 될 사명을 성취할 수 있는 기회인가? 그러나 그는 세속적 권력의 유혹도 거부했다. 악마가 주는 권력으로 백성을 구하는 일이 무슨 의미가 있겠는가? 게다가 악마가 세속적 권력을 위임받았다면 악마에게 그것을 위임한 자는 누구인가? 악마보다 더 지엄한 존재, 공의로운 신이 아니겠는가? 그가 신의 아들이라면 신의 위임자에 불과한 악마에게 무릎을 꿇고 신이 위임한 권력을 구걸할 필요가 있겠는가? 신의 뜻을 따르는 것이 신이 악마에게 위임한 권력을 얻는 것보다 훨씬 더 고귀한 일이 아니겠는가?

"물러가시오, 악마여! 기록되었으되, 주되신 너의 신만을 경배하고 다만 그를 섬기라 했소."

그들은 그를 믿기 어려웠다. 그가 처녀의 몸에서 태어났고, 하늘나라의 주인이며, 인간을 구원하는 존재임을 믿기 어렵기 때문만은 아니었다. 그들이 정말 믿기 어려웠던 것은 빵만 구하지 않고 공의로운 신의 뜻에 따라 살고 세속적 권력을 얻기 위해 악마와 타협하지 않고 사는 것이 진짜 잘 사는 길이라는 그의 말이었다. 어떻게 세속적 권력과 부와 풍요를 거부하고 잘 살 수 있단 말인가. 보이지도 않는 하늘나라를 위해 보이는 땅의 나라를 포기하는 것은 얼마나 어리석은 일인가. 그들은 몸의 욕망에 충실했기에 그의 말을 허튼소리로 여겼던 것이다. 그들은 악마에게 무릎을 꿇고 그의 발에 입을 맞추고 얻어낸 권세를 부리며 위세를 떨치는 사람들의 핍박에서 자신들을 구하고 이 땅의 나라에서 풍요를 누리고 싶었기 때문이다.

스물셋째 날, 월요일

부자 청년의 고민

•

한 청년이 그를 찾아와 심각하게 물었다.

"선생님, 제가 어떤 선한 일을 해야 선생님께서 말씀하시는 그 영원한 생명을 얻을 수 있을까요?"

청년은 부족함이 없는 부자였다. 그러나 그에게도 걱정은 있었다. 죽음. 인간이 넘을 수 없는 분명한 한계, 죽음을 피할 수 없다는 것이었다. 좋은 옷을 입고 맛있는 음식을 먹고 편안한 집에 살며 하고 싶은 것 다 할 수 있는 조건을 두루 갖추었지만 청년은 자신이 누리고 있는 세속적 풍요가 죽음으로 끝난다는 사실에 아쉬움이 너무 컸다. 청년은 죽음을 넘어서 영원히 살고 싶었다. 정확히 말하면 자신이 지금 누리고 있는 풍요를 죽음으로 끝내지 않고 영원히 지속하고 싶었다. 때마침 청년은 그가 하늘의 왕국이 가까이 왔다고 외치면서 그곳으로 들어가기 위한 선한 조건을 설파하고 다닌다는 이야기를 들었다. 솔깃했다. 자신의 간절한 부분을 채울 수 있는 비결을 그에게서 직접 듣고 싶었다.

그가 청년에게 말했다.

"어째서 선한 일에 관해서 내게 묻습니까? 선한 이는 오직 한 분입니다. 만약 당신이 영원한 생명 안으로 들어가길 원한다면 계명을 지키십시오."

청년이 다시 물었다.

"계명이라고 하시면 어떤 계명을 말씀하시는 건가요?"

그가 다시 말했다.

"살인하지 말라, 간음하지 말라, 도둑질하지 말라, 거짓 증언하지 말라, 네 부모를 공경하라, 네 이웃을 네 자신과 같이 사랑하라고 하신 계명 말입니다."

이 계명은 유대인이 먼 옛날 이집트의 노예생활에서 해방되어 광야를 떠돌 때 신에게 받은 열 개의 계명 가운데 사람과 사람 사이에서 지켜야 할 사회적 규범이었다. 그 규범의 핵심은 자기 것에 감사한 마음으로 자족하며, 다른 사람의 것을 탐하고 해하지 말라는 것이었다. 내 것이 소중하듯 다른 사람의 것도 소중한 법. 그것은 곧 내 이웃을 내 몸과 같이 사랑하는 마음과 행동으로 귀결되는 것이었다.

그의 말을 듣고 청년은 자신만만한 표정으로 말했다.

"아, 그거요. 그거라면 제가 다 지켰죠. 그것 말고 아직도 저에게 부족한 것이 있나요?"

청년은 도덕적 자신감에 충만했다. 분명 성실하고 합법적으로 노력하여 부를 쌓았을 것이다. 자수성가했든 유산을 많이 물려받았든 남의 것을 부당하게 탐하거나 불법적으로 빼앗지는 않았을 것이다. 남의 것을 존중했으며 자기 몫을 착실하게 관리하여 부자가 되었음에 분명했다.

그러나 그는 청년에게 그것만으로는 영생을 누리기에 충분하다고 말하지 않았다.

"당신이 완전하길 원한다면 당신의 소유를 팔아 가난한 자에게 나눠주십시오. 그러면 하늘에서 보물을 갖게 될 겁니다. 그리고 나를 따르십시오."

청년은 근심에 잠겼다. 청년이 영원한 생명을 원했던 것은 영생 자체를 위해서가 아니라 자신이 지금 향유하고 있는 풍요를 영원히 지속하기를 바랐기 때문이다.

'내가 왜 내 소유를 다 팔아 가난한 자들에게 줘야 해? 이건 내가 노력해서 얻은 것인데. 가난에서 벗어나고 싶으면 그들 스스로 노력해야 해. 게으르고 무능한 자들에게 거저 주는 일은 그들의 무능과 게으름을 방치하는 거야.'

'하긴, 세상에 거저가 어디 있겠어? 근데 가진 거 다 팔아야 한다면 너무 비싼 거 아니야? 반만 팔면 안 되냐고 협상을 해볼까? 아니 반도 너무 많아. 3분의 1? 아니 5분의 1, 아니 10분의 1......'

청년은 망설였다. 그리고 그와 그를 따르는 제자들을 보았다. 실망스러운 모습이었다. 하늘의 왕국에서의 영원하고 풍요로운 삶이 확실하지 않은 상태에서 확실한 이 땅의 부를 포기하고 그를 따라다니며 저렇게 너저분하게 없이 살 수는 없었다. 청년은 머뭇거리다가 결국 그에게 등을 돌렸다.

'저자가 말한 천국이라는 것, 분명 거짓말일 거야. 그 말만 믿고 내 재산 다 팔아 가난한 사람들에게 주고 그를 따라가? 그랬다가는 내 인생이 파산하겠어. 천국? 영생? 어림도 없지. 어디 사기를 쳐서 내 재산을 빼앗으려고 해. 그래, 지금 가진 거 갖고 잘 먹고 잘 살다가 죽을 때 되면 그냥 편안하게 죽는 거야. 내가 괜한 욕심을 부린 거지. 그냥 착하게, 편안하게, 풍요롭게 오래오래 살자. 알았지?'

등 뒤에서 그가 제자들에게 하는 말이 들렸다.

"부자가 천국에 들어가기는 어렵습니다. 낙타가 바늘귀로 들어가는 것이 부자가 신의 왕국에 들어가는 것보다 더 쉽지요."

스물넷째 날, 화요일

삭개오의 결단

•

그가 병자를 고치고 죽은 자도 살린다는 소문이 사방으로 퍼져나갔다. 물로 포도주를 만들고 오병이어로 수천 명을 먹였다는 이야기는 직접 그 혜택을 보았다는 사람들의 입을 통해, 그 이야기를 들었다는 사람들의 입을 통해 널리 전해졌다. 말 한마디로 폭풍도 멈추고 물 위를 걸었다는 소문도 돌았다. 어떻게 이런 일이 가능한가?

그러나 그가 행한 이적보다 더 놀라운 것은 그가 하는 말이었다. 그는 이 땅의 나라와는 비교도 안 되는 하늘의 왕국이 있다고 말했다. 그 왕국이 가까이 왔다고 선언했고 그곳에 들어가 그 왕국의 시민으로 영원히 살 수 있는 비결도 가르쳐주었다. 그곳은 이곳과는 비교도 안 되는 멋진 곳이라는 말이 사람들을 매료했다. 고통에 시달리던 그들에게는 시원한 샘물과도 같은 복음이었다.

사람들은 그의 말 한마디 한마디에 놀랐고 그의 일거수

일투족에 촉각을 곤두세웠다. 수많은 사람이 그를 두 눈으로 직접 보고 그가 행하는 기적의 직접적인 수혜자가 되고 싶어했다. 부자들은 자신들의 부와 풍요를 영원히 지속할 수 있으리라는 기대감에 그가 약속하는 하늘의 왕국을 갈망했다. 가난한 자들은 그를 통해 팔자를 완벽하게 고치고 싶어했다. 정치적 야망이 있던 사람들은 그와 함께 힘을 합하여 로마의 압제에서 벗어나 하늘의 왕국이든 그 왕국의 세속판이든 사람이 살 만한 나라를 세우고 평화롭게 살 이상을 꿈꾸었고 직접 권력을 행사할 꿈에 부풀었다. 그가 신의 아들이며 장차 유대인들의 왕이 될 것이라는 소문은 다양한 사람들의 다채로운 욕망을 자극했고 기대감을 한껏 높였다.

어느 날 그는 여리고라는 마을에 들어갔다. 수많은 사람이 그를 둘러쌌다. 그의 말을 듣고 싶어했고 그의 옷자락이라도 만지고 싶어했다. 그곳에는 삭개오라는 사람이 있었다. 세리장이라는 직책을 이용하여 막대한 재산을 축적한 부자였다. 삭개오도 그가 어떤 사람인지 꼭 보고 싶었다. 하지만 다른 사람들과 함께 나란히 서서는 그를 볼 수조차 없었다. 키가 아주 작았기 때문이다. 삭개오는 돌무화과나무 위로 올라갔다. 그때 그는 나무 위에 있는 삭개오를 보았다. 그리고 말했다.

"삭개오, 속히 내려오십시오. 내가 오늘 당신 집에 머물겠습니다."

삭개오는 깜짝 놀랐다. 처음 본 그가 자기 이름을 불러주었기 때문이다. 게다가 자기 집에 머문다니 감격스러웠다. 사실 사람들은 세금 명목으로 자신들의 재산을 갈취하다시피 가져가는 삭개오를 강도나 다름없이 보던 터였다. 그런데 그가 자기 이름 '삭개오'를 직접 불러주고 자기 집을 찾아주었던 것이다.

삭개오는 그와 함께 웃고 떠들며 만찬을 즐겼다. 많은 대화를 나누었다. 그리고 감동했다. 생각이 바뀌었고 지난 잘못을 뉘우치며 회개했다.

며칠 전 그를 찾아왔던 부자 청년과는 사뭇 달랐다. 십계명을 철저히 잘 지키며 도덕적 자신감에 차 있던 그 청년. 정직하고 성실하게 합법적 방법으로 부를 축적했던 청년은 그에게 영생의 방법을 묻다가 재산을 모두 팔아 가난한 사람들에게 나누어주어야 한다는 말을 듣고 등을 돌렸지만 삭개오는 달랐다. 세속적 욕망을 훌훌 털어내고 선함과 사랑을 결심했다.

"선생님, 제 소유의 절반을 팔아 가난한 자들에게 주겠습니다. 앞으로 제가 다른 사람을 속여 재물을 빼앗는 일이 있다면 네 배로 갚겠습니다."

삭개오의 결단은 그를 감동시켰다.

"오늘 당신의 집에 구원이 이르렀습니다."

거짓말

●

집으로 돌아온 부자 청년은 그와의 대화를 곱씹어보았다. 하늘나라, 영생? 언뜻 허황된 이야기처럼 들린다. 인간은 누구나 언젠가는 죽는다. 죽음으로 인생이 끝나는 것이 자연의 이치며 순리다. 인간이 신에게 바라는 것은 한 번 태어난 인생, 기왕이면 아브라함처럼 풍요롭고, 요셉처럼 출세하고, 다윗처럼 권세를 누리며 사는 것이다. 그런데 죽어도 죽는 것이 아니라 영원히 산다고? 이 세상이 끝이 아니라 하늘나라가 있다고? 도저히 믿기지 않았다. 그런데 그가 너무나도 심각하고 진지하게 그런 말을 하니 왠지 그냥 지나쳐버리기가 쉽지 않았다.

사실 청년이 그를 찾아가게 된 결정적 동기는 하늘나라와 영생에 매료되었기보다는 지옥과 영원한 형벌이 무서워서였다. 얼마 전 청년은 그가 '거지 나사로와 부자' 이야기를 하는 것을 전해 들었다. 그 이야기는 다음과 같았다.

거지 나사로는 온몸에 헌데투성이로 부잣집 대문 앞에 버려졌다. 의사를 찾아갈 수 없었던 거지에게 아픔을 달래주는 것은 개들뿐이었다. 개들이 거지의 헌데를 핥아주었던 것이다. 부자는 먹다 남은 음식을 거지에게 던져주라 했고 거지는 그 집에서 버리는 음식으로 배를 채우며 겨우 목숨을 이어갔다. 그러다 마침내 죽었다. 그런데 거지가 죽자 하늘에서 천사들이 내려와 그를 들어 올려 아브라함의 품에 안겨주었다.

청년은 거지가 죽어 천국에 가서 잘살게 되었다는 이야기에는 그다지 끌리지 않았다. 그냥 가난한 자들을 달래려는 위로의 '하얀 거짓말'이라고 생각했다. 돈과 식량으로 실질적인 복지 혜택을 주는 것이 아까웠던 권력자들과 부자들이 만들어낸 악의적인 거짓말이라고도 생각했다. 가난한 자들이 손을 벌려 "도와주세요"라고 도움을 청할 때 "그래요, 내가 당신을 위해 신께 기도해드리겠습니다. 아무 걱정하지 말고 돌아가세요. 신께서 도와주실 겁니다. 그리고 착하고 선하게 사세요. 그러면 천국에 갈 테니까요"라고 하기만 하면 되는 방법으로 말이다.

그런데 그런 위치에 있지도 않은 그가 그런 이야기를 하는 것은 무엇일까?

청년은 생각했다.

'아마도 그는 자신을 찾아와 도움을 요청하는 모든 가난한 사람의 경제적 문제를 해결해줄 수 없기 때문에 그들로 하여금 정신적으로나마 고통스러운 현실을 이겨낼 수 있도록 마약 같은 이야기를 만들어낸 걸 거야.'

그 이야기에 취하면 힘없는 가난한 사람들은 현실의 부조리를 극복할 생각은 하지 않고 하늘나라라는 환상에 취해 살 수 있게 될 것이다. 그는 현실을 바꿀 능력이 없으니까 사람의 마음을 바꾸려고 했던 것은 아닐까? 청년은 그렇게 결론을 내리고 천국에서의 영원한 생명에 대한 미련을 털어버리려 했다.

그러나 여전히 청년의 뒷덜미를 잡아당기는 이야기가 있었다. 나사로를 내쫓지 않고 먹다 남은 음식을 던져주던 '선량했던 것 같은' 그 부자가 나사로와는 전혀 다른 곳에서 고통을 받는다는 이야기였다. 부자는 죽자 살아 있을 때와는 완전히 다른 삶을 살았다. 영원한 지옥 불에 온몸이 타고 그을리면서 죽음만도 못한 삶을 영원히 살아야 했다. 얼마나 괴로웠는지 부자는 나사로의 손가락 끝에 물을 찍어 잠깐이라도 혀를 서늘하게 해달라고 외칠 정도였다. 그러나 그것조차 허락되지 않았다.

부자 청년은 하늘나라에 가고 싶다는 마음은 쉽게 접을 수 있었지만 지옥에 가고 싶지 않다는 두려움에 잠을 이룰 수 없었다. 고개를 가로저으며 부인했다.

"아냐, 지옥 같은 건 없어. 그건 가난한 자들이 부자들을 시샘하고 증오해서 만들어낸 나쁜 거짓말이야. 정치혁명을 통해 세상을 바꾸고 부자들의 재산을 몰수하여 부당하게 착취당한 몫을 가난한 사람들에게 되돌려줄 수 있는 방법이 없으니까 만들어낸 악의적인 거짓말. 내가 그 거짓말에 휘둘려서는 안 된다. 침착하자. 냉정하자."

그래서 그를 찾아갔는데, 그의 제안을 도저히 받아들일 수가 없었다.

"모든 것은 생각하기 나름이다. 그가 말하는 세계를 지우면 되는 거야. 그의 이야기를 믿지 않으면 되는 거야. 내 모든 불안은 그의 말을 자꾸 내 맘에 담아두기 때문에 생기는 거지. 그의 말을 내 머릿속에서 깨끗이 지워야 해."

청년은 그렇게 그가 말한 세계, 하늘나라와 그곳에서 통하는 윤리와 규범, 삶의 태도를 모두 지우려고 했다. 그가 사용했던 비유 속에서 부자가 겪어야 했던 영원한 형벌의 고통을 잊으려고 몸부림쳤다. 부를 포기하지 못하고 집착하는 그에게는 삶 그 자체가 지옥이 되는 형국이었다.

스물여섯째 날, 목요일

자유의 가치

•

부자 청년의 선택은 분명했다. 눈에 보이지 않는 불확실한 영생을 얻겠다고 눈에 보이는 확실한 부를 포기하는 일은 하지 않는 것이었다. 합리적이며 실용적인 선택이었다. 청년은 모범적인 사람이었다. 로마 식민 치하에서 관리로 일하면서 로마의 일반 법률도 준수하고 유대 고유의 율법에도 충실했다. 불법적으로 부를 쌓지도 않았다. 청년은 도덕적으로 매우 자신만만했고 떳떳했다.

그는 청년에게 모든 소유를 팔아서 가난한 자에게 나누어주고 자신을 따라오겠느냐고 물었다. 청년은 고민하다가 결국 거절했다. 이 세상의 부귀와 권세를 얻기 위해 선한 일을 할 수는 있어도 선한 일을 하기 위해 자신이 이 땅에서 얻은 것들을 포기할 수는 없었다. 청년의 마음은 거기에 있었다. 세속적인 것, 죽으면 끝나버릴 것에 쏠려 있었다. 청년에게는 이 세상에 살아 있는 시간만이 의미가 있었다. 그 시간을 편안하고 즐겁게 사는 데 전부를 걸었던 것이다.

그가 하늘나라와 영생을 말한다고 하자 청년은 그것이 탐났다. 청년이 원한 영생은 현세에서 누리는 것들의 영원한 지속을 의미했다. 그것을 박탈당하고 영생을 누리는 것은 아무 의미가 없었다. 지금의 진수성찬을 하늘나라에서도 먹고, 지금의 값진 옷을 그곳에서도 입어야 했다. 현재의 부가 그곳에서도 지속된다는 보장이 있어야만 의미가 있었다. 지금보다 훨씬 더 좋다면야 망설일 것이 없지만 문제는 그 영생이 막연하다는 것이었다.

'그게 확실하다면 지금 가진 것을 다 바쳐도 수지맞는 장사겠지만 아니라면 완전히 거덜이 날 텐데, 너무 위험한 투자다. 이걸 선택하는 것은 어리석은 일이다.'

청년은 영리했고 셈이 빨랐다. 결국 청년은 그의 제안을 거절했다.

그가 부자 청년에게 모든 재산을 가난한 자들에게 나누어주고 빈털터리로 자신을 따르라고 한 것은 단순한 시험이었을지도 모른다. 청년을 극단적 선택의 상황에 처하게 하여 청년이 진정 원하는 것이 무엇인지 알고 싶었던 것이다. 전통적인 유대의 계명을 지키는 일은 이웃을 내 몸과 같이 사랑하며 정의롭고 선한 삶을 사는 것을 의미한다. 그런 삶은 그 자체로 고귀하다.

그런데 청년이 그런 고귀한 삶을 목적으로 하지 않고 다른 것을 위한 수단으로 삼았다면? 그는 청년이 세속적인 부귀와 권력과 명예를 얻기 위해 선한 삶을 한낱 도구로 생각하는 것은 아닌지 알고 싶었다. 과연 청년의 선택은 세속적인 가치를 선한 가치보다 더 높게 여기고 있음을 증명한 것이었다. 그가 보기에 청년의 영리함과 합리적 타산성은 궁극적으로 속되고 어리석은 것이었다.

하지만 삭개오는 반대였다. 수단과 방법을 가리지 않고 긁어모았던 재물이 궁극적인 것이 될 수 없음을 그와의 대화를 통해 깨달았다. 자신이 추구하던 가치가 잘못된 것임을 인정하고 생각과 가치관을 바꾸고 지난날의 과오를 회개했다. 앞으로는 세리로서의 임무를 정직하게 수행하고 가난한 자를 외면하지 않겠다고 결심했다. 마음의 탐욕을 버리고 가난한 마음을 갖자 삭개오는 천국에서 사는 것처럼 행복했다. 새로운 삶이 열렸다. 돈을 벌기 위한 욕망에 얽매여 살던 피곤한 삶에서 해방되고 구원되었다.

삭개오가 버린 것은 재물이 아니라 재물에 대한 이기적이고 사악한 탐욕이었다. 정직한 노동과 수고의 보람을 깨닫고 성실하고 정의롭게 얻은 재물을 약하고 가난한 자들과 나눌 때의 기쁨과 행복에 눈을 떴다. 재산은 일용할 양식만으로 충분하다는 만나의 경제학을 깨달은 것이다. 삭개오는 여전히 로마 식민 치하의 유대 땅에서 살고 있었지만 더 이상 그곳에 묶여 있지 않았다. 그곳에서 해방되어 하늘나라의 시민으로 살게 된 것이다.

광야에서 40일 동안 홀로 지내며 모든 것을 비워냈던 그가 삭개오에게 깨닫게 한 자유의 가치를 영리한 부자 청년은 깨닫지 못했다. 청년의 등을 바라보던 그는 가슴이 찢어질 듯 아팠다.

3장

+

죽음의 이야기가 아닌

베드로

•

부자 청년이 돌아가자 그는 제자들에게 말했다.

"부자가 천국에 들어가기는 어렵습니다. 낙타가 바늘귀로 들어가는 것이 부자가 신의 왕국에 들어가는 것보다 더 쉽지요."

제자들은 깜짝 놀랐다. 낙타가 어떻게 바늘귀로 들어갈 수 있단 말인가? 불가능한 일이었다. 그런데 부자가 하늘나라에 들어가는 것은 그보다도 더 어렵다고 한다. 그렇다면 부자는 그 누구도 구원을 얻을 수 없다는 말인가? 모든 사람이 부에 대한 욕망을 어느 정도는 다 갖고 있는데, 그렇다면 도대체 누가 구원을 얻을 수 있다는 말인가? 그는 사람은 할 수 없지만 신은 할 수 있다고 했다. 신은 능히 낙타도 바늘귀로 들어가게 하고 그보다도 더 어렵다는 부자의 천국 입성도 가능하게 한다는 뜻이었다.

사실 곰곰이 따져보면 그런 마법 같은 이야기는 부질없

다. 하늘나라에 가고 영생을 누리는 구원의 비법은 매우 간단했다. 수많은 사람이 모인 가운데 그는 마음을 깨끗이 비운 자, 곧 마음이 가난한 자가 하늘나라의 주인이 된다고 외쳤으니 구원의 길은 이미 밝혀진 터였다. 만약 청년이 재물에 대한 집착을 버리고 마음을 가난하게 비운다면 천국은 청년의 것이 된다. 이 세상에서 재물을 버린 만큼 천국에 쌓인다. 그것은 단순히 자산의 물리적 이동을 의미하는 것이 아니었다. 가치의 변화를 의미했던 것이다.

그런데 제자들은 그가 말했던 바늘귀와 낙타 이야기에 큰 충격을 받아서인지 그의 소중한 가르침을 기억하지 못했던 듯하다. 하지만 베드로는 마치 그 비결을 상기한 듯 자신만만하게 말했다.

"선생님, 보십시오. 우리는 모든 것을 버리고 선생님을 따랐습니다."

자신은 방금 전 돌아간 그 부자 청년과는 다르다는 뜻이었다. 그리고 그에게 물었다.

"그렇다면 우리는 무엇을 얻게 되나요?"

하늘의 왕국을 보장받으려는 질문처럼 들렸다. 그가 베드로에게 말했다.

"내가 진실로 여러분께 말씀드립니다. 세상이 새롭게 되어 '사람의 아들'이 자기 영광의 보좌에 앉을 때 나를 따르는 여러분도 열두 보좌에 앉아 이스라엘 열두 지파를 심판할 것입니다."

베드로는 가슴이 벅찼다. 그가 권력의 정점에 오르면 자신은 그의 권세의 한 축을 담당하며 세상을 호령하리라는 희망에 가득 찼다. 베드로는 무슨 마법처럼, 기적처럼 하늘에 둥둥 떠 있는 왕국에 폼 나게 앉아 있을 자신의 모습을 그렸을지도 모른다. 혁명으로 뒤집힌 새로운 세상이 열리고 '하늘나라'와도 같은 그곳에서 높은 권좌에 올라 유대인의 왕이 된 그의 모습, 그리고 그 곁에 있는 자신의 모습을 그려보았다. 생각만으로도 멋진 일이었다.

베드로는 그와의 첫 만남을 되짚어보았다. 바다에 그물을 던지던 베드로와 형제 안드레에게 그가 다가왔다.

"나를 따라오십시오. 내가 여러분을 사람을 낚는 어부가 되게 하겠습니다."

사람을 낚는 어부? 그것이 무슨 뜻인가? 많은 세력을 모아 위세를 떨치는 권력자가 된다는 뜻인가? 아니면 수많은 어부를 수하에 거느리는 부자가 된다는 뜻인가? 그들은 그의 말이 무슨 뜻인지 정확히 알지도 못한 채 무엇에 홀린 듯 모든 것을 내팽개치고 무작정 그를 따랐다. 그것은 옳은 선택이었을까?

그는 베드로에게 말을 이어갔다.

"내 이름을 위해 집이나 형제자매나 부모나 자식이나 전토를 버린 자마다 여러 곱절을 받고 또 영생을 상속할 것입니다."

가족도 버리고 그를 따랐던 베드로는 버린 부의 여러 곱절을 보상받게 되리라는 말에 만족하며 보람을 느꼈다. 영생? 게다가 죽지 않는다고? 베드로는 황홀하게 마음이 들떴다.

그러나 그것도 잠시, 베드로가 황홀한 꿈에서 깨어나는 데는 그리 오랜 시간이 걸리지 않았다. 얼마 후 그가 무뢰배에게 잡혀가 로마 군인들에게 던져지는 것과 그들이 그를 능욕하고 침 뱉으며 채찍질하고 십자가 형틀에 못박아 매달고 옆구리에 창을 찔러 목숨을 후벼내는 참혹한 광경을 두 눈으로 보아야만 했다. 그의 꿈이 산산조각이 나는 순간이었다.

거대한 서사

•

 권력을 가진 자의 가장 중요한 특징은 말에 강력한 힘이 있다는 것이다. 권력자는 말만으로도 자신이 원하는 것을 이룰 수 있다. "함선을 50척 더 만들어라!"라고 명령하면 얼마 후 항구에 50척의 배가 만들어진다. 권력자의 말에는 없는 것을 있게 하는 힘이 있다. "풍악을 울려라!" 하면 음악소리가 연회장을 채운다. 그러나 어디서 굴러먹다 왔는지 모를 웬 거지 같은 놈이 그런 말을 하면 당장에 무시된다. 그는 흠씬 두들겨 맞고 쫓겨날 것이다. 이처럼 말이 갖는 권위와 힘에 따라 말하는 사람의 위상이 평가된다.

 그가 베드로와 안드레, 야고보와 요한 같은 어부들에게 "나를 따르십시오!"라고 말하자 그들은 모든 것을 버리고 그를 따랐다. 이는 그의 말에 힘과 권위가 있음을 보여준다. 한 나병 환자가 그에게 절하며 "주여, 당신이 원하신다면 나를 깨끗하게 하실 수 있습니다"라고 했을 때 그 말을 들은 그는 나병 환자에게 손을 뻗어 만지며 말했다. "나도 당신이 말한 것을 원합니다. 깨끗해지십시오." 그러자 곧바로 나병 환자의 병이 씻은 듯이 나았다. 그가 환자를 깨끗하게 만든 것은 오로지 말로써였다. 그의 말에는 몹쓸 것을 깨끗이 없애는 치유의 힘이 있었다. 그는 폭풍우조차도 말로 다스렸다. 그의 말에 모든 것이 복종했다. 그도 그럴 것이 그의 말은 이 세상을 만든 창조주의 말(logos)이었으며 창조주 자체였기 때문이다.

그의 제자 가운데 요한이라는 자가 있다. 요한이 남긴 기록에는 그에 대한 신비로운 서술이 있다.

"태초(arkhē)에 말(logos)이 있었다. 그 말이 신(Theos)과 함께 있었으니 그 말이 곧 신이었다. 그 말이 태초에 신과 함께 있었다. 모든 것은 그 말을 통해 생겨났고 생겨난 것 하나도 그 말 없이는 생겨나지 않았다."

요한의 기록은 성경 안에 담겨 있다. 그리고 그 성경은 이런 말로 시작된다.

"태초에 신이 하늘과 땅을 지었다(epoiēsen)." "신이 말했다. '빛이 생겨나라.' 그러자 빛이 생겨났다. 신이 빛을 보았고, 그것이 아름다움(kalon)을 보았다."

신은 오직 말로써만 세상을 지었다. 하늘과 땅을 짓고, 빛을 짓고, 온갖 생물을 짓고, 해와 달과 별을 지었다. 신이 말로써 이 세상을 지었다는 이야기가 성서에 실려 있다. 인간에게 남아 있는 문헌들 가운데 말의 힘을 이보다 더 강력하게 기록한 문헌은 세상에 없을 것이다. 말이 세상을 짓는 힘을 지녔으며 말 자체가 곧 세상을 지은 신이니 말이다.

요한의 기록은 이어진다.

"그것(말=신) 안에 생명이 있었고 그 생명은 인간들의 빛이었다. 그리고 그 빛이 어둠 속에 나타났으나 어둠은 그

빛을 깨닫지 못했다."

신이 이 세상에 처음으로 존재하게 했던 빛이 여기에서
는 그를 나타내는 은유다. 그는 어둠 속에 나타난 빛, 인간
들을 위한 빛이다.

"말이 육신이 되어 우리 가운데 거하였다. 우리가 그의
영광을 보았으니 아버지의 독생자의 영광이었으며 은혜와
진리로 충만했다."

요한의 신비로운 서술은 이성적으로 쉽게 이해하기 어렵
다. 어쨌든 요한의 이야기에 따르면 신은 말이고, 말을 통해
이 세상을 지었으며, 어둠 속에 있는 인간들을 위한 빛으로
나타났다. 그의 현신은 말이 육신이 되어 이 세상에 나타나
는 것이었다.

그에 관한 이야기가 성경이다. 그 이야기를 믿고 진리라
고 받아들이는 사람들은 그가 말이며, 말로써 세상을 짓

고, 육신이 되어 스스로 독생자로 세상에 태어나 어둠 속의 빛으로 인간들에게 나타나 인간들을 구원하는 그런 세계 안에 살게 된다. 그 이야기를 통해 세상을 해석하고 행동 지침으로 삼아 결단하고 실천한다. 그 이야기는 그 이야기를 믿는 사람들이 살아가는 세상의 전부다. 그 이야기 바깥으로 나가면 그 이야기 바깥에서 살아가는 사람들을 만나게 된다. 바깥의 사람들은 그 안에 있는 사람들을 한심하다는 듯 바라보며 말한다.

"도대체 당신들은 누가 지어낸 이야기 안에 살고 있는 겁니까? 그거 알아요? 당신들은 당신들이 믿는 이야기를 지어낸 사람들에게 속고 있는 거라고요!"

그러나 그 이야기 바깥에 있는 사람들도 사정은 마찬가지다. 그 바깥에는 그곳에서만 통하는 이야기가 따로 있다. 바깥에 있는 사람들은 그 이야기 안에서 살고 그 이야기를 통해 세상을 이해하며 가치를 부여한다. 그래서 그들은 그 이야기 안에 있는 사람들을 조롱하는 것인데, 그들은 어떻게 자신들의 이야기가 진리임을 확증할 수 있을까?

반면 그가 주인공인 이야기 안에 있는 사람들은 자신들의 이야기 바깥에 있는 사람들이 진리 바깥에 사는 어리석은 자들이라고 한탄한다. 그들이 진리를 거부하고 타락했으며 파멸할 것이라고 안타까워한다. 그리고 어떤 이는 그들 사이에서 그 이야기의 안과 밖의 경계에 서서 어정쩡하게 안절부절못하고 있다.

그 이야기의 주인공인 그는 서른 즈음에 실존적 결단을 내리고 홀로 광야로 나가 곡기를 끊고 40일 동안 자신과 대면하고 절대자와 대면했다. 그러면서 앞으로 자신이 어떤 이야기를 만들어나가게 될지, 아니 자신이 어떤 거대한 서사 안에 자리 잡게 될지 깊이 고민하고 성찰했다.

말로 지은 새로운 세상

•

그는 제자들에게 말했다.

"여러분은 마음에 근심하지 마십시오. 신을 믿으니 또 나를 믿으십시오. 내 아버지 집에는 거할 곳이 많습니다."

그런데 그의 아버지 집이란 어디인가? 그가 신의 아들이라면 그가 말하는 집이란 이 땅이 아니라 저 하늘에 있는 것이다. 그가 그동안 "가까이 왔습니다"라고 말했던 하늘나라, 신의 왕국을 말하는 것이다.

"이제 내가 여러분을 위해 거처를 예비하러 갑니다. 가서 여러분을 위해 거처를 예비하면 내가 다시 와서 여러분을 영접하여 나 있는 곳에 여러분도 있게 하겠습니다."

그는 이제 곧 하늘로 가서 그곳에 그들이 머물게 될 거처, 곧 하늘나라를 건설할 모양이다.

그가 육신이 되기 이전에 오롯이 순수한 말(logos)로서 존재했을 때 그는 말로써 세상을 지었다. 이제 육신을 입고 이 땅에 온 지금, 죽기 직전에 제자들에게 하늘나라의 건설을 말하고 있다. 그는 말로써 새로운 세상을 짓고 있는 것이다. 그가 하늘에 새로운 왕국을 짓는다면 이 세상을 말로써 지었듯이 그것도 모두 말로써 지을 것이다. 그는 세상을 창조하고 없는 것을 있게끔 존재를 짓는 말이며 짓는 힘이 있는 말이 곧 그이기 때문이다. 말로써 짓는 세계, 말로써 짓는 하늘나라. 그가 말로써 지은 세상을 믿고 받아들이는 사람은 그 이야기 바깥에 있는 사람들과는 전혀 다른 가치관을 갖고 살게 된다.

사람들은 모두 같은 세상을 살고 있지만 어떤 이야기를 받아들이느냐에 따라 세상을 다르게 해석한다. 그리고 그 해석에 따라 추구하는 가치가 달라지고 옳고 그름, 좋고 나쁨, 아름답고 추함에 대한 생각이 달라진다. 생각의 다름은 그들의 행동을 다르게 만든다. 사람들은 자신들이 받아들인 이야기야말로 사실에 근거한 진리라고 믿는다.

어떤 이는 감각과 경험적 정보를 토대로 짓는 이야기를 더 좋아한다. 누구나 인정할 수 있는 보편적이고 객관적인 검증 절차를 견딜 수 있는 정보들만 추려내어 이야기를 지어야 한다고 주장한다. 그렇지 않은 요소가 개입될 때 이야기는 진실과 멀어지고 허구로 흘러간다는 것이다. 어떤 이는 이야기를 짓는 논리적 정합성과 추론의 타당성에 주목한다. 앞뒤가 맞지 않는 이야기는 일단 믿을 수 없다는 것이다.

어떤 이는 도덕적 요청에 따라 세상에 대한 이야기를 짓기도 한다. 예를 들면 정의롭게 사는 것이 좋고 옳고 아름답고 행복한 길이라고 믿으면 그렇게 살지 않는 사람들이 더 잘 사는 것처럼 보일 때 견딜 수 없게 된다. 왜 악한 자가 성공하는지 납득할 수 없다. 세상에 그럴 수는 없는 것이다. 그러므로 지금 당장은 부조리해 보여도 모든 것을 전부 다 알고 할 수 있는 정의로운 신이 있어 악한 자를 결국 심판하게 되리라고 믿는 것이다. 그렇게 열망하는 것이다. 그들은 그런 도덕적 당위성에 입각하여 짓는 이야기를 신뢰한다. 그들은 눈에 보이고 감각에 포착되는 것만이 세상의 전부가 아니라고 믿는다. 게다가 우리의 감각과 경험 자체가 그리 믿을 만한 것이 못 된다고 주장한다. 그래서 보이는 세계 너머를 상상하고 그 너머에서 섭리하는 신을 그리며 믿는다.

어떤 이는 세상에 대한 이야기를 짓는 다양한 관점을 상호배타적으로 보지 않고 여러 이야기를 존중하면서 서로 부딪치지 않는 질서와 조합을 구상한다.

어쨌든 사람들은 모두 자신들이 옳다고 믿는 그 무엇에 근거하여 세상에 대한 이야기를 만든다. 그래서 우리는 하나의 세상에 모두 함께 살고 있지만 이 세상에는 서로 다른 수많은 이야기가 존재하는 것이다. 사람들은 제각각 자기 이야기를 믿고 살며 그 이야기에 비추어 세상을 해석하며 살아간다. 그렇기 때문에 그 이야기 수만큼의 세계가 뒤섞여 있는 셈이다. 하나의 세계이면서 동시에 수많은 세계가 혼재된 양상, 그것이 우리의 세계가 아닐까?

그가 말하는 하늘나라 이야기도 수많은 이야기 가운데 하나인 것은 분명하지만 그저 지어낸 하나의 이야기에 불과한 것인지, 아니면 수많은 이야기를 모두 압도할 수 있는 절대적이고 보편적인 진리인지 그의 이야기 앞에 서는 사람들은 실존적 결단을 내려야만 한다.

그는 죽음을 앞두고 다양한 생각과 다양한 욕망, 다양한 가치관을 갖고 그를 따라다녔던 제자들 앞에서 하늘나라 이야기를 하면서 그들이 살게 될 새로운 세상을 말했다. 그러나 명심해야 한다. 그는 말로써 천지를 창조했던 신이며 천지를 창조했던 그 말의 육체적 현신이었다는 이야기가 있다는 것을…….

제자들

◆

우리는 모두 하나의 같은 세상에 살고 있다. 그러나 이 세상이 어떻게 생겼고, 어떻게 움직이며, 그 안에서 어떻게 살아야 하는지에 관해서는 서로 의견을 달리한다. 세상에 대해 서로 다른 이야기를 갖고 살기 때문이다. 그래서 개개인은 자신이 선택한 이야기가 그려주는 세상을 살게 된다. 어떤 하나의 이야기가 절대적인 힘을 가지고 다른 모든 이야기들을 날려버리지 않는 한 우리는 같은 세상에 살고 있지만, 동시에 서로 다른 세상을 살 수밖에 없다.

그는 이 세상에 대해 어떤 이야기를 해주는가?

그는 예루살렘으로 갔다. 사람들이 그를 열렬히 환영했다. "주의 이름으로 오는 이스라엘의 왕이여!"라고 외치기까지 했다. 그도 이렇게 말했다. "사람의 아들이 영광을 얻을 때가 왔군요." 제자들은 푸른 희망에 가슴이 벅찼다. 촌에서 온 그들이 예루살렘에서 본 것은 그가 곧 왕위에 오를 것만 같은 전조였다. 민중들의 열광은 그가 지금까지 보여주었던 숱한 기적들이 정치적 혁명으로 이어지리라는 희망의 발로였다.

　그러나 예루살렘으로 가는 그의 발걸음은 사실 세속적 권력을 얻기 위한 행보가 아니었다. 정반대였다. 그는 세속적 권력에 철저히 짓밟힐 터였다. 그는 사람들의 환호성 속에서 오히려 죽음이 임박했음을 섬뜩하게 예감했다. 그리고 그 불길한 예감을 제자들에게 조금씩 표현하기 시작했다.

　"여러분도 알다시피 이틀 후면 유월절입니다. 사람의 아들이 십자가에 못박히기 위하여 팔릴 것입니다."

　한 여인이 값비싼 향유를 가져와 그의 머리에 붓자 제자들이 핀잔을 주었다.

　"아니 그렇게 비싼 것을 왜 그렇게 허비하는 것이오? 그걸 팔아 가난한 사람들에게 줄 수도 있지 않소?"

그러나 그는 이렇게 말했다.

"이 여인을 괴롭히지 마십시오. 이 여인이 내 몸에 향유를 부은 것은 내 장례를 위한 것입니다."

그러나 그들은 그의 말을 이해할 수 없었다. 그가 곧 권력을 쟁취하리라는 희망에 취해 있던 제자들은 그가 왕위에 오른 뒤에 어떤 자리를 차지하게 될 것인가를 놓고 다투기까지 했다. 그런 제자들을 불러 그는 그들의 발을 씻겨주었다. 베드로가 왜 그러냐고 묻자 그가 대답했다.

"내가 하는 것을 그대가 지금은 알지 못하나 이후에는 알게 될 것입니다."

베드로가 다시 물었다.

"선생님, 어디로 가시나이까?"

그가 대답했다.

"내가 가는 곳에 지금은 그대가 따라올 수 없으나 후에는 따라올 것입니다."

'왜 따라갈 수 없다는 것일까? 도대체 어디로 가기에? 지금까지 실컷 우리를 끌고 다니더니 이제 왕위에 오를 때쯤 되니까 우리를 버리려는 것인가? 아니면 뭐 죽기라도 한다는 말인가? 나중에 따라가게 된다는 건 또 뭔가?'

베드로는 궁금했다.

"선생님, 제가 지금은 어째서 따라갈 수 없다는 겁니까? 저는 선생님을 위해서라면 제 목숨도 버리겠습니다."

제자들은 무엇 때문에 그를 따라다녔던 것일까? 결정적인 순간 그가 깊은 고뇌에 빠져 고통스러워할 때 그의 제자들은 그의 고통을 함께하지 못했다. 가룟 유다는 그에게 크게 절망하고 은 30세겔에 그를 팔아넘기는 배반을 저질렀다. 그 금액은 당시 종 하나를 살 때 치르던 값에 해당했다.

한편, 그를 위해서라면 목숨도 기꺼이 바치겠다던 베드

로는 그가 끌려갈 때 그를 알지 못한다고 세 번이나 부인했다. 그들은 왜 그를 버렸을까? 그가 약속한 모든 것이 그 위기의 순간에 그들에게 아무런 빛도, 희망도, 힘도 되지 못했던 까닭이다. 그들은 황당했고 절망했고 두려웠다. 그를 따랐던 모든 사람이 결정적인 순간에 그를, 그의 이야기를 버렸던 것이다.

이 순간도 그는 고독하다

•

같은 이야기를 믿는 사람들은 같은 세상을 살게 된다. 말과 이야기는 그것을 받아들이는 사람들에게 특정한 세계를 제공하고 사람들을 그 세계 안에 묶어주는 연대의 힘이 있다. 그리고 그 힘은 그 이야기를 받아들이지 않는 사람을 그 이야기가 그리는 세상 바깥으로 밀어내는 배제의 힘도 갖고 있다.

그는 그동안 사람들에게 알려지지 않았던 세상, 즉 하늘의 왕국, 신의 나라를 이야기해주었다. 많은 사람이 그가 그려주는 세계에 매료되었고 그를 따르면서 그 세계 안에서 살고 싶어했다. 그는 그들에게 천국이 가까이 왔다고 선언했고 그곳에 들어가기 위해 '회개하라(metanoein)', 즉 '생각'을 완전히 '바꾸라'고, 의식을 전환하라고 권고했다. 지금껏 이 세상이 존중하던 핵심 가치들, 돈과 명예, 권력, 쾌락, 건강, 안전 등으로 향해 있던 마음을 새로운 가치를 향해 돌리라는 것이었다. 그것이 회개의 원래 뜻이었다. '심령의 가난함', '애통함', '온유함', '의에 주리고 목마름', '긍휼히 여김', '마음의 청결함', '화평하게 함', '의를 위해 박해를 받음', 신과 인간에 대한 사랑, 배려, 희생, 그것이 그가 임박했다고 선언한 하늘의 왕국에서 시민이 되는 조건이었다.

그것은 빛과 소금처럼 세상을 밝히고 건강하게 지키는 덕목이었다. 그러나 그 덕목을 지키지 않는다면 짠맛을 잃은 소금이 바깥에 버려져 사람들에게 밟히듯이 그의 왕국에서 철저히 배제될 것이라고 했다.

그런데 참 이상하다. 수많은 사람이 그를 따랐건만 그는 최후의 순간에 절대적인 고독 속에서 가장 치욕적인 방식으로 죽었으니 말이다. 끝까지 그와 최후를 같이한 사람은 한 명도 없었다. 비겁한 방관자, 절망한 구경꾼, 분노한 군중, 두려움에 사로잡힌 배신자로 그의 죽음을 바라보고 있었다. 그의 제자들도 모두 그를 버렸고 그 가운데 한 명은 돈을 받고 그를 권력자들에게 팔아넘기는 극단적인 배신을 감행했다.

그를 따르던 그들은 그가 말한 하늘의 왕국에 대한 세속적 욕심으로 그에게 집착했고 그가 예언한 최후의 심판에 대한 두려움으로 그를 따랐던 것 같다. 그래서 그가 제시한 그 나라의 시민 조건을 들었을 때 무척 당황스러워하고 부담스러워했던 것 같다.

그래도 그들은 그가 이 세상을 심판하려는 것이 아니라 구원하러 온 것이라는 말에 안도했을 것 같다. '세상의 가치관에 휩쓸려 내가 당신 마음에 들지 않게 살더라도 당신이 말한 그 사랑이라는 것으로 좀 봐달라'는 몰염치가 작동했을지도 모른다. 그가 빵 다섯 덩이와 물고기 두 마리로 수천, 수만 명을 배불리 먹게 하고, 온갖 병을 치료하고, 죽은 자도 살리는 기적을 보이니 그 덕을 좀 보려고 했던 것 같다. 그가 말한 하늘의 왕국이 로마 식민 치하의 고통스러운 상황에서의 해방을 위한 정치혁명의 청사진, 은유적 표현이라 여기며 그를 따랐을지도 모른다.

그는 철저히 오해되고 왜곡되었으며 최후의 순간에 버려졌다. 그러나 그런 그의 모습은 그때만의 것이 아니었다. 지금도 수많은 사람이 그의 이름을 대놓고 찬양하고 그가 고독하게 죽어가던 형틀을 화려하게 장식하며 어마어마한 건물을 세워 그를 기리지만 그는 지금 이 순간에도 여전히 고독할 것만 같다. 그를 따르던 그때의 수많은 사람처럼 지금 이곳의 수많은 사람이 그의 이야기에 매혹되어 있지만 정작 그와 더불어 십자가를 같이 지고 그 위에 함께 못박히는 일과 그가 제시한 새로운 왕국, 하늘나라의 시민 조건을 갖추려고 노력하는 데는 그다지 관심과 열정을 보이지 않기 때문이다. 그들은 여전히 그의 나라가 아니라 그들이 살고 있는 이 땅 위의 나라에 붙들려 세속적인 번영과 부와 권력을 갈망하고 있기 때문이다.

유다

．

　가룟 유다는 그를 배신했다. 그가 제자들과 함께 유월절을 보내기 위해 예루살렘에 들어왔을 때 민중들은 환호하며 열광적으로 그를 환영했다. 종교지도자들과 장로들은 그를 눈엣가시로 여겼고 잡아 죽이려고 모의했다. 그러나 민란이 일어날까 두려워 적절한 시기를 엿보고 있었다. 그때 유다가 대제사장들에게 가서 말했다.

　"당신들은 나에게 무엇을 주시렵니까? 내가 그를 당신들에게 넘겨줄 테니 말이오."

　그러자 그들은 유다에게 은 30세겔을 주었다. 그때부터 유다는 그를 그들에게 넘겨줄 기회를 살폈다.

　그런데 왜 그들은 유다에게 은 30세겔을 주었을까? 그들은 유다에게 "웃기는 놈. 네놈이 뭔데 그를 넘겨주겠다는 것이냐? 그를 잡는 데 네가 할 수 있는 일이 무엇이냐? 네놈 따위의 도움은 필요하지 않다. 너도 그놈과 한패니 각오해라" 하면서 쫓아낼 수도 있지 않았을까? 그들이 그를 체포하고 죄를 뒤집어씌워 죽이려는 계획에 유다의 도움이, 제자들 가운데 누군가의 배신이 반드시 필요했던 것일까? 유다의 도움, 유다의 배신이 없었다면 그는 체포되지 않고 처형도 피할 수 있었을까? 돈을 주고 그들이 유다의 제안을 수락한 이유는 무엇일까? 그를 대낮에 잡아들이면 민란이 일어날까 염려되어 밤을 틈타 잡기 위해 그가 어디에 있는지 알려줄 사람이 필요했던 것이었을까? 그가 제자들, 다른 여러 사람과 섞여 있을 때 그를 한눈에 알아보기 어려워 그를 찾아낼 사람, 그에게 다가가 입맞춤할 사람이 필요했기 때문이었을까?

그랬는지도 모르겠다. 대제사장들과 장로들이 보낸 무뢰배는 칼과 몽치로 무장하고 그를 찾았지만 그가 누군지 알지 못했다. 그래서 제자들과 섞여 있는 그를 찾아낼 사람이 필요했던 것 같다. 유다는 그들에게 일러둔 뒤 그에게 다가가 "안녕하시옵니까, 랍비여"라고 말하고 그에게 입을 맞추었다. 그러자 그가 말했다. "친구여, 그대가 여기에 온 목적……." 그가 말을 마치기도 전에 무뢰배는 곧바로 그를 붙잡았다.

그는 어쩌면 인간적인 서러움과 안타까움, 배신감에 잠시 마음이 흔들렸을지도 모른다. 그래서 그는 그의 생략된 말에서 이렇게 묻고 싶었는지도 모른다. "친구여, 그대가 여기에 온 목적이 **이것입니까?**", 아니면 "그대가 여기에 온 목적을 위해 내게 **입맞춤한 것입니까?**" 그는 자신이 잡혀갈 것을 미리 알고 제자들과 마지막 만찬을 나누는 자리에서 유다의 배신을 예감하고 이렇게 말했다. "저 사람은 태어나지 않았더라면 그것이 그 자신에게 아름다웠을(kalon) 텐데." 그는 유다에게 배신을 당했고 잠시 후 무뢰배에게 끌려갔다. 그때 제자들은 모두 그를 버리고 도망쳤다.

　그의 주변에는 수많은 사람이 있었고 수많은 사람이 그에게 열광했다. 하지만 그는 철저히 버려졌고 40일 동안 광야에서 홀로 섰을 때보다 더 외로운 처지가 되었다. 그를 따르던 사람들은 그와 함께 고통받을 일에 대해서는 전혀 준비가 되어 있지 않았다. 그들은 단지 그의 능력을 사모하며 그것을 이용하여 병을 고치고, 부를 늘리고, 권력에 가까워지기만을 바랐다. 그들은 그를 버리면서 그가 자신들의 바람을 배신했기 때문이라고 변명했을 것이다. 그러나 그런 배신과 변명이 어디 그때뿐이었겠는가? 역사를 두고 그는 이해되기보다는 거의 항상 오해되고 왜곡되었으며 지금 그의 이름을 부르는 적지 않은 사람들이 그렇듯이 그때 그의 곁에서도 그런 일이 있었다. 그리고 지금도 여전히 배신은 계속되고 있다.

서른셋째 날, 금요일

돈궤에 뻗친 손들

∙

가룟 유다는 왜 그를 배신했을까? 다른 제자들이 그랬듯이 그가 "나를 따르십시오"라고 했을 때 유다도 모든 것을 버리고 그를 따랐을 터다. 그와 제자들이 사람들의 환호 속에 예루살렘에 입성했을 때 왜 유다는 흉계를 써서 그를 잡아 죽이려고 혈안이 되어 있던 유대의 종교지도자들과 권력자들, 군인들을 찾아갔을까? 그를 넘겨주는 조건으로은 30세겔을 받았을 때 그가 그들의 흉계에 가담하며 기회를 노린 것은 과연 은이 탐나서였을까?

요한의 기록에 따르면 평소 유다는 그와 제자들의 돈궤를 맡았다고 한다. 그가 죽기 얼마 전에 마리아가 값비싼 향유를 갖고 와 그의 발에 붓고 머리털로 발을 닦아주는 일이 있었다. 그때 유다는 그녀를 꾸짖었다.

"이걸 팔아 가난한 사람들에게 나눠주지, 이 무슨 허망한 낭비란 말이오?"

유다는 셈에 밝고 빨랐다. 그러나 유다가 가난한 사람들을 사랑하고 배려하여 그런 말을 했던 것은 아니다. 값비싼 향유를 팔면 그 돈은 자기가 관리하는 돈궤에 들어올 테고 유다는 제 필요에 따라 두둑하게 사취할 수 있었기 때문이다. 요한은 그런 유다의 탐욕을 읽어냈다. "유다는 도둑이었다. 돈궤를 맡았는데, 거기 넣는 돈을 유다가 훔쳐갔다." 유다는 자기 임무에 반드시 필요한 청렴한 도덕성은 갖추지 못했다.

유다가 그를 팔아넘긴 것도 돈을 밝히며 사취를 일삼던 탐욕 때문일 가능성이 높다. 그가 예루살렘에 들어올 때만 해도 유다는 시중에 떠도는 소문과 예언대로 그가 곧 유대인들의 왕이 될 것이라고 생각했다. 유다는 국가 재무를 담당하는 장관이 될 것이라는 기대감에 부풀어 있었다. 그러나 그가 왕이 될 조짐은 보이지 않고, 곧 군인들에게 잡혀가 모욕을 당하고 채찍에 맞아 죽을 것이라는 불길한 소리나 하고, 그렇게 죽지만 3일 만에 다시 살아날 것이라는 허무맹랑한 헛소리를 해대자, 유다는 다른 계산을 하기 시작했다. 요한은 악마가 유다의 마음에 그를 팔아넘길 생각을 넣었다고 기록했다. 누가도 악마가 유다에게 들어갔다고 기록했다.

그가 광야에서 40일 동안 곡기를 끊고 절대적인 고독 속에서 지냈을 때 그를 유혹하기 위해 찾아왔던 것도 그 악마였다. "당신이 정말로 신의 아들이오? 그렇다면 이 돌들로 빵을 만들어보시오." 이 유혹은 비단 그에게만 뻗쳐진 것이 아니라, 생계의 고민을 담보로 모든 사람에게 끊임없이 찾아오는 것이다. 유혹에 넘어가는 순간 생계에 대한 고민은 끝없는 탐욕으로 변한다. "당신이 신의 아들이라면 성전 꼭대기에서 뛰어내려보시오." 이는 자신의 특권을 과시하려는 공명과 허영의 탐심을 자극하는 시험이었다. "내게 무릎을 꿇고 경배하시오. 내게 허용된 천하의 권력을 당신에게 주겠소." 권력에의 달콤한 유혹. 그는 악마의 모든 유혹을 거부했지만 유다는 악마의 유혹에 자신을 모두 다 넘겨버렸다.

이런 기록에 근거하여 종교개혁을 주도한 마르틴 루터는 세속적 권력에 취해 돈벌이에 혈안이 된 당시 교황을 가룟 유다와 같다고 추상같이 비판했다.

"교황도 돈궤에 손을 댄 자입니다. 탐욕이 가득한 도적이며, 자신의 배를 최고의 신으로 삼고 사는 자입니다. 입으로는 그를 높이지만 실제로는 그를 팔아먹는 가룟 유다와 같은 자입니다."

그러나 마르틴 루터의 비판적인 외침은 그때뿐 아니라 지금 여기에도 절실하다. 세속적 욕망에 눈이 멀어 교회 세습도 마다하지 않는 탐욕스러운 성직자들에 대해서만 유효한 것이 아니다. 돈과 권력을 위해 기도하고 그것이 생긴다면 언제고 그마저도 쉽게 팔아넘길 수 있을 우리 모두에 대한 경고인 셈이다.

잔인한 상상

•

가룟 유다는 그를 팔아넘긴 뒤 자신이 무슨 짓을 했는지 비로소 깨달았다. 자신의 죄를 사무치게 뉘우쳤다. 유다는 그를 판 대가로 받은 은 30세겔을 갖고 대제사장들과 장로들에게 뛰어갔다.

"내가 죄가 없는 피를 팔고 죄를 범했소!"

피를 토하듯 울부짖었다. 하지만 그들은 유다에게 차갑게 대답했다.

"그것이 우리와 무슨 상관이오? 당신이 그 죄에 상응할 벌을 받으시오!"

냉정한 어조에는 조롱과 두려움이 묘하게 섞여 있었다. 유다는 그들을 향해 은 30세겔을 던지고 그들이 모여 있던 성소에서 나왔다. 그리고 스스로 목을 매었다. 그런 점에서 그는 그래도 순진한 편이다. 그를 팔고 괴롭히는 유다보다 더 더럽고 잔혹한 자들은 유다를 이용하여 돈으로 그를 사고 그를 죽인 자들이다.

세상에는 유다처럼 그를 팔아먹으면서도 뉘우침조차 없는 사람들이 차고 넘친다. 그들은 그의 진짜 모습을 교묘히 감추고 그를 화려하게 포장하여 비싼 값에 팔아먹는다. 그가 했던 말의 실천보다는 그의 능력을 선전하며 돈을 벌어들인다. 그들은 유다가 했던 회한과 후회조차 하지 않고 죄를 씻어낼 수 없다는 절망에 자살했던 유다의 심정조차 느끼지 못한다. 그의 삶과 죽음, 십자가의 피를 팔아 모은 재산을 자신의 재산이라 여기며 자식에게 유산으로 물려주며 대물림하려 한다. 그러고도 그것이 그의 뜻이라 호도한다. 그를 팔아 챙긴 이익을 그가 베푼 은혜라 믿기도 한다.

유다만 그를 배신했던 것이 아니다. 그가 체포되는 것을 막기 위해 칼을 뽑아들고 호기롭게 저항하던 베드로도 그를 모른다고 부인하며 그를 버렸다. 다른 제자들도 마찬가지였다. 그나마 그들은 유다처럼 그를 팔아먹지 않았다고 자기 나름대로 안도했을지도 모른다. 그들은 결정적 순간에 그를 따르기를 포기하고 그의 체포를 방조했으며 그가 고통받는 현장에서 비겁하게 도망쳤다. 그러고는 그를 따르기 위해 그들이 일찍이 버렸던 일터와 가정으로 되돌아갔다.

이후 종교개혁가 마르틴 루터는 유다의 배신을 그가 임무를 수행하는 데 반드시 필요한 일이었다고 해석했다. 즉 유다는 십자가에 못박혀 죽어야만 이룰 수 있었던 그의 사명을 완수하는 데 중요한 역할을 했다는 것이다.

그가 죽어야만 이룰 수 있었던 일, 그 일을 위해 누군가가 그를 배신해야 했다면, 더군다나 그것이 신의 뜻이라면 유다는 신의 뜻에 충실한 자가 아닌가라고 생각하는 이들도 있다. 유다가 신의 뜻에 따라 그를 팔아넘기는 운명을 타고났다면, 신이 그렇게 그의 운명을 예정한 것이라면 그들은 유다의 행위에 대해 도덕적으로 책임을 물을 수 없다고 해석한다. 책임을 지려면 행위를 선택하고 실천할 수 있는 자유가 있어야 한다. 그런데 유다에게 그런 자유가 허락되지 않았다면 유다가 자기 배신에 대해 책임질 이유가 없다는 것이다. 오히려 유다에게 그를 팔아넘기는 운명을 살도록 예정한 신이 책임을 져야 한다. 유다는 작가가 지은 극본에 충실한 배우처럼 악역을 훌륭하고 아름답게 해낸 것이 아닌가?

더 과격한 상상도 있다. 그가 십자가에 못박혀 죽어야만 자신의 임무를 완성할 수 있음을 알았을 때 배신자가 절실히 필요했고, 그래서 유다를 선택했다는 것이다. 그는 조용히 유다를 불러내 심각하고 정중하게 부탁했다.

"유다여, 정말 미안하지만 그대가 나를 파는 배신의 무거운 짐을 져줄 수 있겠습니까?"

　이 과격한 상상은 유다를 배신자가 아니라 필연적 배신을 수행한 충성스러운 사도의 한 사람으로 새롭게 조명해 준다. 이집트 사막에서 발견된 '유다복음'이라는 두루마리는 이런 불경스러운 상상력을 포함하고 있다. 당연히 정경에 포함되지 못했다. 그런데 중요한 것은 이 문서를 불경하다고 거부하는 종교지도자들 가운데 그들이 인정하는 정경 속에 그려진 가룟 유다와 같은 짓을 저지르면서도 그 죄를 깨달은 유다만도 못한 사람들이 적지 않다는 점이다. 유다보다도 못한 자들, 유다보다도 더 사악하나 거룩한 체하며 거들먹거리는 이들이 활개를 치고 있다는 점이다. 이런 사실이 만연한 가운데 그는 지금도 여전히 고독하고 배신당하고 버림받고 있는 것이 아니겠는가?

겟세마네

•

때가 왔다. 그의 삶에 마침표를 찍어야 할 순간이다.

3년 전 그는 아무도 없는 고독한 광야로 나갔다.

"나는 누구인가?"

그는 묻고, 또 물었을 것이다. 언제, 어디서, 어떻게 그는 그일 수 있는가를 깊이 고민했고 그 시간과 그 장소와 그 방법을 궁리했다.

이해할 수 없는 출생의 비밀. 그를 키워준 부모인 요셉과 마리아는 그가 세상에 태어나기 전에 그가 신의 아들이라는 예언을 받았다. 그러나 그는 한낱 인간의 몸으로 태어났다. 그럼에도 불구하고 그는 몸과 영혼에 감지되는 설명할 수 없는 신비로운 느낌과 힘을 갖고 있었다. 요한에게 세례를 받을 때 물에 적셔진 몸 위로 거룩한 빛이 강림했고 신비롭게 온몸을 울리며 소리가 들려왔다.

"내 사랑하는 아들, 내 기뻐하는 자."

그는 자신이 인간이지만, 동시에 신의 아들이라는 사실을 어떻게 받아들이고 견뎌냈을까? 합리적인 설명을 스스로에게 했을지도 모른다.

"그래, 누구나 신의 아들이다. 신이 만들지 않은 것은 없으니까. 태초에 인간은 신의 모습으로 빚어져 흙으로 만들어졌다고 하지 않던가."

그는 애써 자신을 '인자', 즉 '사람의 아들'이라고 불렀다. '신약성서' 네 개의 복음서에는 그 표현이 모두 82번 나온다. 죽음의 기운이 감도는 것을 보니, 그때마다 섬뜩하고 두렵기도 한 것을 보니 그 말이 맞긴 맞나 보다 싶었으리라. '나는 누구인가?' 그가 철저히 인간이었다면 자신의 정체성에 대한 회의는 지극히 당연한 것이다. 그런 회의가 없다면 그는 인간이 아니라 인간의 껍데기만을 빌린 그냥 신에 지나지 않는다. 그가 철저히 인간이었다는 사실을 부인한다면 그가 세상에 온 것은 신의 기만이거나 인간의 사기일 뿐이다. 이해하기 힘들지만 어쨌든 그는 신이면서 신의 아들이고, 동시에 인간이었다.

그는 제자들에게 물었다.

"사람들은 사람의 아들인 나를 누구라 하나요?"

제자들이 대답했다.

"더러는 세례 요한, 더러는 엘리야, 어떤 이는 예레미야나 선지자 가운데 하나라고 합니다."

그는 다시 물었다.

"그래요? 그러면 여러분은 나를 누구라 하나요?"

그때 베드로가 대답했다.

"주는 그리스도시며, 살아 계신 신의 아들이십니다."

신의 아들? 그가 신의 아들이며 신 자체라 하더라도, 그와 동시에 철저히 인간이었다면 그는 끊임없이 자기 정체성을 물어야 했다. 그리고 자신의 사명에 대해서도 끊임없이 고민해야 했다. 의심 없이 모든 것에 대해 확실한 것이 신의 속성이라면 그 어떤 것에 대해서도 불확실하고 의혹을 품는 것이 인간의 속성이기 때문이다.

그는 죽음에 임박했음을 예감했다. 그 죽음은 영광스럽지 않을 것이다. 그를 따라다니던 제자들에게 배신당하고 수많은 무리에게 외면당할 것이다. 흉악범들이나 매달리는 십자가 형틀에 묶여 손과 발에 못박히며 옆구리가 창에 찢기고 가시관이 그의 머리를 찌르면 그는 피범벅이 될 것이다. 사형 집행인들이 그를 조롱하고 군중들이 비웃고 모욕할 것이다.

"네가 신의 아들인가? 그렇다면 너를 구원하라. 십자가에서 내려와라. 그것도 못 하는 자가 무슨 신의 아들이란 말인가? 누굴 구원하겠다는 말인가? 그런 그대가 무슨 유대인들의 왕이란 말인가?"

그 모든 비극을 예감하며 그는 '올리브기름을 짜는 언덕'이라는 뜻을 가진 겟세마네에 올랐다. 땀과 피를 마치 기름을 짜내듯 흘리며 신에게 물었다.

"이 잔을 내게서 지나가게 하시면 안 되겠습니까?"

왜 그는 신이면서 인간의 몸으로 이 땅에 와서 십자가에 매달려 죽어야만 하는가? 그렇게 처참하게 죽는 것이 다른 사람들의 구원에 무슨 도움이 되겠는가? 차라리 신의 권능으로 악한 자들을 모두 쓸어버리고 고통받던 착한 자들을 구원하여 새로운 왕국으로 가면 그만인 것을. 왜 이렇게 복잡한 일을 해야만 한다는 말인가? 태초에 아름답게 만든 이 세상, 이곳에 정의가 강물처럼 흐르고 생명의 과실이 주렁주렁 열리는 창조의 낙원 에덴으로 만들면 되는 것 아닌가? 왜 굳이 그가 인간들에게 모욕을 당하고 찢겨 죽어야만 한다는 말인가? 그가 철저히 인간이었다면 이런 고민을 안 했을 리가 없다.

그는 곧 자신의 또 다른 정체성을 깨달았고 이렇게 기도했다.

"그러나 나의 원대로 하지 마시옵고, 아버지의 원대로 하옵소서."

의심과 회의를 완전히 씻어낸 것이 아니라 이해할 수 없는 그 일이 운명처럼 정해졌다면 그 일을 피하지 않고 해야만 한다는 실존적 결단이었다. 그는 땅바닥에 엎드려 얼굴을 땅에 대고 피와 눈물을 흘리는 기도를 했다. 결심이 선 듯 일어서서 제자들에게 돌아왔다. 하지만 그들은 깨어서 그를 기다리지 못했다. 피곤에 지쳐 자고 있었다. 그는 답답하고 외로웠다. 그들을 깨울까 망설이다가 측은한 마음에 다시 돌아섰다. 그리고 다시 홀로 되어 신 앞에 엎드려 기도하며 또다시 물었다.

"왜 내가 고통스러운 죽음의 잔을 마셔야 하나요? 그냥 지나가게 하시면 안 되겠습니까?"

그리고 다시 일어섰다. 그렇게 하기를 모두 세 번. 마침내 그는 결심했다.

'죽으러 가리라.'

서른여섯째 날, 화요일
모두 달아나다

•

"내 영혼이 너무나도 고통스러워 죽을 것만 같습니다. 여기에 머물면서 나와 함께 깨어 있어주겠습니까?"

그는 제자들에게 말했다. 그곳은 감람산 겟세마네, 한적한 곳이었다. 그는 제자들과 마지막이 될 만찬을 끝내고 그곳으로 와 신과 마지막 담판을 지으려고 했다. 그의 마음은 괴롭고 비장했다. 그러나 그가 피땀을 흘려가며 기도할 때 제자들은 피곤과 졸음을 이기지 못하고 잠들었다. 그가 얼마나 큰 고통과 두려움에 떨며 결단을 망설였는지 제자들은 전혀 눈치채지 못했다.

그들은 그가 곧 예루살렘에서 기존 권력을 무너뜨리고 '유대인의 왕'으로 등극할 것이라고 기대했다. 그가 나귀를 타고 예루살렘에 입성할 때 군중들이 열렬하게 환호하는 모습을 보았던 터다. 마지막인 줄도 모르고 만찬을 나누던 자리에서 그가 제자들에게 말했다.

"여러분 가운데 한 사람이 나를 팔 것입니다."

그 말을 들었을 때 제자들은 일이 잘못되는 것이 아닌가 하는 불길한 예감이 들었다. 그러나 이는 진지한 예언이 아니라 자신들의 충성도를 알아보기 위한 시험이라고 생각했다. 오직 그를 팔아넘기기로 결심한 가룟 유다만이 그 말의 참된 뜻을 헤아리고 뜨끔했다.

그 순간 베드로는 그에게 확고한 충성심을 보여 다른 제자들보다 더 큰 신임을 얻고 가장 높은 자리를 보장받고 싶었다.

"주여, 모두 주를 버릴지라도 저는 결코 버리지 않겠습니다."

베드로는 자신만만했다. 베드로에게 선수를 빼앗긴 다른 제자들은 뒤통수를 맞은 기분이었다. 그런데 그는 우쭐한 베드로에게 뜻밖의 말을 했다.

"그리하겠습니까? 그러나 그대는 오늘 밤 닭이 울기 전에 나를 세 번 부인할 것입니다."

베드로는 기분이 상했다. 그러나 이참에 그의 불신을 확실히 씻어내고 완벽한 신임을 얻어야겠다고 생각하면서 그의 말을 완강히 부인했다.

"아닙니다. 저는 주와 함께 죽을지언정 주를 부인하지 않을 겁니다."

그러자 다른 제자들도 베드로에게 질세라 충성을 맹세했다.

"저도 베드로처럼 할 겁니다. 주와 함께 죽겠습니다."

기도하는 동안 잠시 곁을 지켜달라고 했지만 그것도 못하는 자들이 무슨 목숨을 바치겠는가? 이는 상황의 심각성을 깨닫지 못하는 데서 나오는 유치한 허세였다.

그가 나병 환자를 깨끗이 낫게 하고, 장님의 눈을 뜨게

하고, 앉은뱅이를 일어나게 하는 것을 보고 그의 신비로운 힘에 취해 있던 제자들은 그에게 고통과 좌절, 참혹한 모욕과 죽음의 순간이 오리라는 것을 조금도 상상하지 못했다. 그는 그들이 그를 따르는 내내 그가 신의 아들이라고 믿는 그들의 기대감을 저버리지 않았다. 로마의 권력에 전혀 주눅 들지 않았고 위세 당당한 종교지도자들을 논쟁에서 압도했다. 죽은 자도 살리고 수천, 수만 명의 배고픔을 간단하게 해결하는 기적도 보여주었다. 그는 신의 나라, 하늘의 왕국이 곧 다가온다고 외침으로써 로마제국의 황제를 능가할 권력을 획득하리라는 희망을 그들의 마음에 심어주었다. 그들은 그의 등극에 일등 공신이 되어 조만간 누리게 될 달콤한 혜택에 눈과 마음이 멀어 있었다. 그 모든 것이 다 허망한 꿈이라는 사실을 절실히 깨달은 자는 계산이 빨랐던 가롯 유다뿐이었다.

무뢰배가 떼로 들이닥쳐 그를 잡아갈 때 베드로는 결정적으로 눈도장을 찍으려는 듯 칼을 들고 저항했다. 베드로는 그가 이 상황을 간단하게 해결할 것이라고 굳게 믿었기 때문에 그토록 과감하게 행동할 수 있었다. 그러나 그는 베드로를 말렸다. 그 순간 베드로와 제자들은 일이 잘못 돌아가고 있음을 직감했다. 그들의 황홀했던 꿈이 산산조각 나는 것을 순식간에 절감하고 충격에 빠졌다.

'아, 이게 뭐지? 이자는 우리가 생각한 그런 구원자가 아니다! 여기서 미적거리다가는 나도 죽겠구나. 제길, 완전히 물먹었네. 이게 무슨 꼴이람.'

제자들은 걸음아 나 살려라 하고 모두 달아나기 시작했다. 그들을 바라보는 그는 가슴이 먹먹했다. 허겁지겁 달아나던 그들의 뒷모습이 그가 고통스럽게 기도할 때 자신과 함께 자리를 지켜주지 못하고 졸음에 무너지던 그들의 모습과 겹쳐졌다.

그가 고통스러워하며 땅에 얼굴을 묻고 기도할 때 그 곁에서 널브러진 자들이, 그가 세속적 폭력에 포박되어 끌려갈 때 그 자리를 박차고 달아나던 자들이 어디 그들뿐이겠는가? 그들의 모습은 줄곧 세속적 욕망에 헛된 꿈을 꾸면서도 그것을 위선 속에 감추고 있다가 그가 외치던 가치들이 현실에서 힘을 잃을 때 그를 외면하고 등을 돌려 달아나던 우리의 모습이 아니던가?

서른일곱째 날, 수요일
사형선고

●

"당신이 유대인들의 왕이오?"

유대의 총독이었던 폰티우스 필라투스가 그에게 물었다. 새벽에 대제사장들과 장로들이 그를 묶어 필라투스에게 데려왔던 것이다. 필라투스는 어이가 없었다. 초라한 행색에 연약해 보이는 이가 어떻게 반란을 꿈꾼단 말인가? 어찌 유대인들의 왕이라는 소문이 떠돈단 말인가? 도대체 왜 유대의 종교지도자들과 기득권자들은 그를 두려워한단 말인가?

"당신이 말하고 있습니다."

지친 기색이 역력한 그가 대답했다.

그의 대답은 희미하고 애매하다. 한국어 번역은 "네 말이 옳도다"라고 새겼다. "당신이 말한대로요"라고 번역한 셈이다. 무엇인가가 문장에서 생략되었는데, 아마도 "당신이 말하고 있습니다(그건 내가 유대인들의 왕이기 때문이오)" 또는

"(사실 그대로를) 당신이 말하고 있습니다"라고 읽혀야 한다. 그러나 다르게 읽힐 수도 있다. "(내가 유대인들의 왕이라는 말은 내가 아니라) 당신이 말하고 있습니다."

수많은 사람이 그에게 불리한 증언을 했는데, 서로 엇갈리고 일치하지 않아 신빙성이 없었다. 필라투스는 아무리 생각해도 그가 로마의 권력과 통치에 위험한 인물처럼 보이지 않았다. 그를 처벌할 결정적 증거를 확보할 수 없었다. 게다가 총독의 아내는 사람을 보내 그의 처벌에 관여하지 말라고 충고했다. 전날 밤 꿈자리가 좋지 않다는 이유에서였다. 그는 옳은 자이며 사형을 당해야 할 이유가 없으니 죄없는 피를 손에 묻히지 말라고 했다.

그러나 필라투스는 결단을 내리지 못하고 망설였다. 정의의 편에 서서 옳은 바를 행할 것인가, 아니면 죄 없는 그를 처벌하라고 하는, 당장이라도 폭동을 일으킬 것같이 으

르렁대는 군중의 요구를 들어줄 것인가?

　결국 필라투스는 결단을 내리지 못하고 군중들에게 책임을 떠넘겼다. 그 상황에서는 지혜로운 행동처럼 보였지만 실제로는 비겁하고 노회한 처신이었다. 정의를 올바로 세우는 데 권력을 쓸 수 있는 결기와 배포가 없었다. 대중에게 영합하며 불의를 방조했다. 그의 가르침에 위협을 느끼던 유대의 종교지도자들은 군중을 선동했고 필라투스의 비겁한 기질을 간파했다는 듯 총독을 강하게 압박했다. 며칠 전까지만 해도 그를 열렬히 환호하던 군중들은 그들의 농간에 놀아나듯 그를 죽음으로 몰아넣으려는 폭도로 변했다. 그리고 다른 이들은 그런 폭도들의 횡포 앞에서 무력하고 비겁하게 침묵했다.

　기득권을 지키려는 유대 종교지도자들의 이기적인 욕망과 간교. 정의를 지켜야 할 사명을 저버리고 힘의 논리에 야

합하며 권력을 정당하게 집행하지 못하는 필라투스의 비겁함. 유대 민족의 적폐 세력인 대제사장들과 장로들의 선동에 놀아나는 폭력적인 군중들의 무모함과 사리 분별없음. 그들의 횡포에 아무 말도 하지 못하는 순진하고 무력한 다른 군중들. 이들의 대규모 협잡에 의해 그는 속절없이 사형선고를 받아야 했다.

군중들은 그를 십자가에 못박으라고 목이 터져라 외쳤다. 그가 왜 죽어야 하는지 알고나 외치는 것인지. 단단하고 날카로운 가시가 두피에 깊이 들이박히면서 머리에서 피가 하염없이 흐르는 동안 군중들의 외침은 그의 뇌리에 공허하게 울려 퍼졌다.

죽음으로 충성을 맹세하던 제자들 가운데 그를 지켜준 이는 단 한 명도 없었다. 어떤 청년은 그가 체포되었을 때 그를 따라가려다가 무뢰배에게 붙잡히자 몸에 두르고 있던 베홑이불을 벗어던지고 알몸으로 줄행랑을 쳤다고 한다.

　그는 수많은 사람에 둘러싸여 있었지만 처절하고 철저하게 고독했다.

기득권, 위선

•

대제사장을 비롯한 유대의 종교지도자들과 장로들은 로마와 정치적으로 타협함으로써 자신들의 기득권을 유지할수 있었다. 그들 가운데 일부는 이기적이고 당파적 계산에 따라 로마와 타협했고, 일부는 로마와 타협하는 것이 최악의 파탄을 피하고 유대인들의 삶을 그나마 평화롭게 유지해나가는 방법이라고 생각했다. 그들은 현세의 권력이 당장은 잠깐 로마의 손에 들어가 있지만 세상을 창조하고 섭리하는 신은 유대인들을 유일한 선민으로 선택했다는 사실에는 변함이 없고, 신은 자신들을 버리지 않을 것이라고 설파하면서 현재의 고통을 합리화했다. 그렇게 그들은 자신들의 권위와 기득권을 유지해나갈 수 있었다.

그는 그들의 위선을 꿰뚫어보았다. 그들은 신에게 경건하고 신실해야 한다고 유대인들에게 강조했다. 그리고 신에 대한 경건은 종교적 형식, 성전에 대한 충성과 같은 것이라고 생각하게 만들었다. 몸소 종교적 형식에 충실한 모양새를 취하며 거룩한 척은 다 했다. 때를 정확하게 지켜 금식을 하고, 옷에 모세의 율법을 새겨 넣어 입고 다녔으며, 잘 보이는 곳에서 깨끗한 옷을 입고 소리 높여 기도하며 신을 찬양했다. 안식일에는 신의 명령에 따라 온전한 안식을 누리기 위해 아무것도 안 했다. 필요한 일이 있으면 다른 사람에게 시킬지언정 자신들은 거룩하게 그날을 보내고 있음을 드러냈다. 이는 명백히 모순이었음에도 불구하고 자신들의 행위를 신에 대한 경건의 모범인 양 선전하며 종교적 형식 자체를 신성시했다. 성전에 들어설 때 헌금을 잊지 말 것을 당부했고, 지은 죄를 씻기 위한 속죄의 제사를 반드시 지내야 했고, 죄로 인해 멀어진 신과의 화목을 회복하는 제사도 필요하다고 역설했다. 그것은 그대로 유대인들에게 경제적 부담이었다. 민중들의 경제적 고통은 고스란히 종교지도자들의 부와 권력으로 이어졌다. 그들은 로마 식민 치하에서 고통받는 사람들에게 종교적인 신실을 강조하며 세속적 이익을 챙겼고, 그것을 유지하기 위해 로마 권력과 적절히 타협했다. 그들은 종교를 이용하여 세속적 혜택을 누릴 줄 알았다.

　탐욕을 종교적 경건으로 치장한 그들의 위선적인 모습을 '회칠한 무덤'이라고 폭로하며 '회개하라'고, 즉 가치관을 근본적으로 혁신하라고 촉구했던 사람이 바로 그였다. 그들은 자신들을 가리는 옷을 벗기고 알몸을 그대로 드러내는 그의 말과 그의 존재를 견딜 수가 없었다. 개인적으로 경건하며, 종교적 의례에 성심으로 충실하고, 그것을 민중들에게 권면하는 것이 신의 뜻이라고 진짜로 믿던 일부 순수한 종교지도자들조차 그를 제거해야 할 대상이라고 합의할 지경이었다. 마침내 그들은 그를 붙잡았고 죽일 명분을 찾아내려고 했다.

"당신이 그리스도요?"

그들이 그에게 물었다.

'그리스도(Christos)'란 '기름 부음을 받은 자'라는 뜻으로 왕을 의미하며 유대인들을 구원해줄 메시아를 가리키는 명칭이었다.

그가 대답했다.

"내가 그렇다고 말하면 여러분이 믿겠습니까? 그렇지 않을 것입니다. 내가 여러분에게 그러냐고 묻는다면 여러분이 대답하겠습니까? 그렇지 않을 것입니다. 그러나 지금부터 '사람의 아들'은 신의 권능의 오른편에 앉아 있을 것입니다."

그는 자신이 구원자, 메시아이며 그리스도임을 부인하지 않았다.

그들이 다시 물었다.

"그렇다면 당신은 신의 아들이오?"

그가 대답했다.

"내가 그런 존재라고 당신들이 말하는군요."

그들은 당황했고 화가 났다. 그들은 그를 놓고 자신들이 섬기는 신의 아들이라고 말한 꼴이 되었는데, 그는 그 사실을 부각하면서 그들을 조롱한 셈이었다. 그들이 말한 대로라면 그들은 자신들이 섬기는 신의 아들을 죽이려는 불경스러운 존재가 되는 것이다. 그들은 그의 말을 인정할 수 없었고 그의 슬기롭고 진지한 조롱을 견딜 수 없었다. 그것은 그들에 대한 당돌한 반역이고 그들의 단단한 체제를 뒤엎으려는 위험한 역모였다. 그를 죽여버리고 싶은 충동을 억누를 수 없었다. 십자가 형틀에 묶어 찢어 죽여야만 분이 풀릴 것만 같았다. 그것이 자신들이 섬기는 신에 대한 충성이며 도리라고 생각했다. 아니 자신들의 종교적 권위와 세속적 권력, 온갖 기득권을 지키기 위해, 그리고 유대인들의 평화를 지킨다는 명목을 위해 그를 죽여야만 한다는 생각이 확고해졌다. 설령 그가 진짜로 신의 아들이라고 해도 죽여야 했다.

그가 죽어야 할 여러 이유 가운데 하나가 바로 그런 것이었고 지금도 그는 여전히 세계 도처에서 십자가에 매달려 찢기는 죽음의 고통을 당하고 있다. 그를 죽여야만 자신의 권력과 부, 기득권을 유지할 수 있는 자들의 어리석은 욕망과 교활한 음모 때문이다.

그의 죽음 앞에 설 때

•

"보십시오. 세상 죄를 지고 가는 신의 어린양입니다."

그가 세례를 받기 위해 요한에게 갔을 때 요한은 그가 누 군지를 한눈에 알아보았다. 그는 죽을 자였다. 세상 사람들 의 죄를 대신하여 짊어지고 제물로 죽을 자. 인류의 구원을 위한 희생양. 그것이 그의 운명임을 요한은 단번에 알아차 렸다.

자유롭게 선택한 행동에는 그에 상응하는 책임이 따른 다. 잘못을 저질렀을 때는 누구나 그에 합당한 벌을 받아야 마땅하다. 작은 잘못이라면 당사자들 간의 사과와 용서를 통해 상쇄할 수 있다. 하지만 큰 죄는 실질적인 응분의 배 상이 있거나 사회가 정한 법에 따라 험하고 고된 대가를 치 러야 한다. 그 벌을 받고 나서야 비로소 죄를 씻을 수 있는 법이다. 그것이 인간의 양심이며 도덕과 법의 바탕이 된다.

그러나 크건 작건 죄를 지을 때마다 반드시 벌을 받아야 한다면, 게다가 행동으로 옮기지 않은 의도와 생각조차 죄라고 한다면 인간의 일상은 온통 죄와 벌로 얼룩지고 일그러질 것이다. 남모르게 은밀히 죄를 저질렀든, 마음속으로만 죄를 저질렀든 죄를 지어 벌을 받아 마땅한데도 들키지 않아 그냥 넘어갔다고 하더라도 본인은 알리라. 자신이 저지른 죄가 가슴속에 무겁고 더러운 적폐로 남는다는 것을. 양심의 가책을 느끼지 못하는 뻔뻔하고 사악한 인간이 아니라면 누구나 어느 정도 그런 무거운 짊을 안고 살아가게 마련이다. 더군다나 모든 것을 알고 공의롭게 처벌할 수 있는 전지전능한 절대자 앞에 선다면 그 뻔뻔함도 아무런 소용이 없다.

절대적이고 지극히 거룩한 존재 앞에 자신을 내놓는 순간 온전한 모습으로 그 앞에 설 존재는 아무도 없다. 인간들끼리 합의한 법에 따라 벌을 받는다고 하여 모든 죄가 씻어지는 것이 아니라는 강박마저 느낀다면 죄의 흔적은 도통 씻어낼 수 없다. 그런 죄책감을 완전히 털어내고자 할 때, 죄로 얼룩진 자신을 죽이고 새롭게 거듭나서 온전히 깨끗하고 싶을 때 유대인들은 신 앞에 섰다. 자신들을 대신할 희생양을 데리고 신의 대리인인 제사장에게 가서 정해진 거룩한 장소에서 함께 종교적인 제의를 거행했다.

신에게 드리는 제사는 죄로 더럽혀진 자신을 죽이는 정화(katharsis) 의식이었다. 제사를 지낼 사람은 자신의 죄를 짊어지고 대신 죽을 희생양을 직접 죽여 가죽을 벗기고 각을 떠서 제단 위에 올려놓아야 했다. 그것은 땀과 피로 범벅이 되는 고된 노역이었다. 그 과정 내내 대속물과 함께 자신을 죽여야만 했다. 뜨겁고 순결한 불길에 제물이 타는 동안 가슴속에 쌓여 있던 모든 죄도 함께 태워져 온 영혼이 깨끗이 씻어지는 정화와 새롭게 태어나는 부활을 체험했다. 제사가 끝나고 나면 그 순간부터 새로운 삶이 시작됨을 유대인들은 믿었다.

"세상의 죄를 지고 가는 신의 어린양." 그의 죽음은 유대인들의 전통에서 그런 종교적 상징이었다. 어쩌면 그 상징이 그의 죽음의 가장 중요한, 아니 온전하고 유일한 의미일지도 모른다. 당시 유대인들에게 파견된 로마 총독과 유대의 부패한 종교지도자들의 사악한 협잡에 의해 억울하게 희생당한 죽음이란 그의 죽음에 붙일 수 있는 하나의 역사적 규정에 불과하다.

구체적 역사의 맥락을 떠나서 보편적으로 그의 죽음이 갖게 되는 가장 중요한 의미는 전혀 다른 것이다. 그것은 유대인들의 종교적 전통에서 형성된 제의적 의미에서 시작한다. 그리고 유대인의 전통을 넘어 과거와 현재, 미래라는 시간의 흐름과 역사를 초월하여 인류 전체에게 적용되는 보편적 의미에까지 이른다. 세상의 모든 사람의 죄를 짊어지고 그들 대신 죽어야 할 희생양의 죽음인 것이다.

그의 죽음 앞에 설 때 우리는 우리의 죄와 직면하며 우리의 고결한 양심 앞에 선다. 그의 죽음 앞에 설 때 우리는 아무리 노력해도 누군가에게 실수할 수밖에 없고 의도하지 않았어도 다른 사람들을 불쾌하게 하거나 아프게 할 수 있다는 사실에 직면한다. 그의 죽음 앞에 설 때 우리는 행동으로 드러나지 않은 우리의 사악한 의도와 이기적 욕망 앞에 직면한다.

그리고 우리는 그를 십자가 위에 올려놓고 못질을 시작한다. 이는 죄로 얼룩진 우리 자신을 깨닫고 우리 자신을 죽이는 일이며, 깨끗하고 새롭게 태어나기를 결단하고 소망하는 일이다. 그리고 마침내 죽은 우리 자신을 딛고 일어서는 부활을 체험하는 일이다. 그의 죽음을 기억하며 십자가 형틀에서 아무 죄 없이 죽은 그가 우리의 죄를 짊어지고 가는 신의 어린양이라는 종교적 상징을 되새김으로써 오늘의 나는 오늘로 죽는다. 나 자신을, 실수와 나쁜 생각으로 얼룩진 나 자신을 십자가에 못박아 죽이는 참회의 시간을 가져야 한다. 내일 아침 새롭게 태어나기 위하여.

마흔째 날, 토요일

믿는다는 것

•

"나의 신이여, 나의 신이여. 어찌하여 나를 버리십니까?"

십자가에 6시간 동안 매달려 있던 그가 절규하듯 크게 소리질렀다. 설령 그가 신의 아들이고 동시에 신 자체였다고 하더라도 인간의 몸으로 이 땅에 온 이상 그는 철저히 인간이었을 테니 처절한 그의 외침은 진심이다.

'나는 신이며 신의 아들이다. 나는 죽지 않는다. 설령 죽더라도 3일 만에 다시 살아난다. 당연하지. 아파도 조금만 참자.'

그가 이런 안일한 생각을 가질 수 없는 상황이었다. 그가 인간인 한 인간의 극한인 죽음의 순간에 직면했을 때 지극히 인간적인 생각이 엄습했을 것이다.

'내가 신이 아니면 어쩌지? 신의 아들이 아니면 어쩌지? 나는 그냥 한낱 인간일 뿐인 것은 아닐까? 3일 뒤에 부활하지 못하고 그냥 이대로 끝나버리는 것은 아닐까? 내가 그동

안 무엇에 홀린 듯이 망상에 사로잡혀 있던 것은 아닐까?'

모르겠다. 그가 이런 의혹에 사로잡혔고 억울한 의혹을 떨쳐내기 위해, 아니 이 어이없는 의혹을 폭발시키기 위해 그렇게 피를 토하듯 처절하게 외쳤는지를.

"나의 신이여, 나의 신이여, 어찌하여 나를 버리십니까?"

그가 그렇게 죽어야 했던 이유는 무엇일까? 인간의 죄를 씻어내기 위해서? 그런데 이상하지 않은가? 그는 당대 종교지도자들로부터 교계 질서를 위협하는 위험인물로 찍혀 그들과 타협한 로마 권력의 공인하에 흉악범을 처형하는 십자가 형틀에 못박혀 죽었을 뿐인데, 그의 무기력한 죽음이 어떻게 인간의 죄를 씻어내고 인간을 죄에서 구원할 수 있다는 말인가?

그는 십자가에 매달려 죽음을 기다리면서 모든 것이 다 이루어졌음을 깨달았다. 기억할 수 있는 가장 먼 시간부터 그 순간까지 되짚어보았다. 자신이 살아온 삶이 자신이 살려고 했던 대로, 살아야만 했던 대로, 그리고 죽어야 하는 대로 모두 다 이루어졌음을 비로소 깨달았다. 숨을 거두기 직전 그는 조용히 말했다.

"다 이루어졌구나."

그 말을 끝으로 그는 숨을 거두었다.

그런데 도대체 무엇이 이루어졌다는 말인가? 마치 유대인의 왕이 되려는 야망을 펼치려다 실패하여 처형당하는 정치범처럼, 신의 나라, 하늘의 왕국을 이 땅 위에 펼쳐낼 메시아로서 로마 권력으로부터 유대인들을 구원하려다 실패하여 무참히 짓밟힌 몽상가처럼 처형당하듯이 죽는 것이 도대체 무엇을 이루었다는 말인가?

그가 죽은 지 3일 뒤 막달라 마리아와 야고보의 어머니 마리아, 그리고 야고보와 요한의 어머니 살로메가 그의 시신에 향유를 바르기 위해 그의 무덤을 찾았다. 그들은 무덤 입구를 막고 있던 돌이 굴러 무덤 입구가 열려 있는 것을 발견하고 깜짝 놀랐다. 조심스럽게 안으로 들어간 여인들은 그를 볼 수 없었다. 대신 밝은 흰옷을 입은 한 청년이 그곳에 있었다.

"십자가에 못박혀 죽었던 그를 찾으십니까? 그는 여기에 없습니다. 그가 눕혀졌던 곳을 보십시오. 그는 다시 살아났습니다."

그를 믿는다는 것, 그것은 그가 신이고 세상과 인간을 창조했음을 믿는 것, 인간들이 죄를 짓고 죽을 수밖에 없는 처지로 타락하자 불쌍한 인간들을 구원하기 위해 마치 유대의 전통적인 종교적 제의에 따라 제단 위에 올려져 피를 흘리고 죽어 불에 태워지는 대속의 희생양처럼 십자가 형틀에서 죽었음을 믿는 것, 그래서 그가 부활한 날을 성스러운 날로 지정하여 정해진 성스러운 장소에 나가 그에게 합당한 예배를 드리며 회개 기도를 올리는 것만으로도 사람들은 유대인들이 행했던 전통의 제사를 대신할 수 있다고 믿는 것을 의미한다. 그런 종교적 절차와 의미를 믿는다면 그가 죽었다 살아난 것처럼 우리도 죽었다 되살아나 그 앞에서 최후의 심판을 받게 될 때 그가 약속한 하늘나라, 신의 왕국에 들어갈 수 있음을 믿는 것을 의미한다.

그러나 그런 종교적 절차와 의미를 거부한다면 설령 삶의 다른 부분에서 그의 가르침에 충실하게 살았어도 그의 천국에 입장할 수 없다고 주장하는 사람들도 있다. 이런 믿음을 부정하거나 조롱할 필요는 없다. 그러나 이런 믿음만큼이나 중요한 믿음이 또 있지 않을까?

그를 믿는다는 것. 그의 가르침에 따라 사랑과 정의, 진리의 가치를 지키며 사는 것이 옳다고 믿는 것. 세속적 부와 권력, 명예 같은 것에 대한 욕망을 채우는 것보다 그런 삶이 더 아름답고 가치 있으며 살 만한 삶임을 믿는 것. 설령 그의 가르침에 따르는 삶을 살다가 부당하게 손해를 입고 억울하게 모함을 당하고 핍박과 고통에 시달리더라도 그런 삶과 믿음을 포기하지 않는 것. 그렇게 살다가 짓밟혀도 그가 십자가에서 죽었으나 다시 살아났듯이 사랑과 정의, 진리의 가치를 지키는 삶은 죽지 않고 언제 어디서든 굳세게 되살아난다는 것을 믿는 것. 그의 탄생과 시험, 삶과 죽음, 그리고 부활이 보여주는 이와 같은 윤리적이고 도덕적인 가치와 의미를 믿는 것이 종교적 상징과 존재론을 믿는 것만큼이나 우리의 삶에서 중요한 것이 아닐까? 소박하고 순수하고 정직하게 살다가 탐욕스럽고 폭력적인 부와 권력에 짓이겨져 억울하게 죽어야 했던 사람들, 정의와 진리를 지키기 위해 불의에 맞서다가 목숨을 잃은 사람들, 그들의 죽음이 허무의 나락으로 허망하게 버려진 것이 아니라, 그가 되살아났듯이 다시 살아나리라 믿는 것이 진정 그의 부활을 믿는 것이 아닐까?

＋

부활절 아침에

부활절 아침에

•

보고 싶은 얼굴을 빼앗긴 눈동자
부르고 싶은 이름을 잃은 입술
만지고 싶은 손들이 떠난 손
품으로 돌아오지 않는 아이들

십자가에 못박혀 울부짖는다
나의 어머니, 나의 아버지
어찌하여 나를 버리시나이까

질식한 채 누워 있는
녹슨
빈 무덤

선택의 여지가 없었다. 태어나면서부터 부모님의 믿음을 따라야 했다. 아주 어려서는 어머니의 품에 안겨, 조금 커서는 어머니와 아버지의 손을 잡고, 더 커서는 혼자서 그를 찾았다. 우리 가족의 믿음이 그려주는 세계, 그 한가운데에 그가 있었다.

그에게 기도하는 법을 배웠고 어려운 일이 있을 때마다, 필요한 것이 있을 때마다 그에게 간청했다. 그는 이 세상을 만든 주인이며, 나를 존재하게 했고, 나를 사랑하며 지켜준다고 믿었다. 내가 구하면 그가 주고, 나를 부당하게 괴롭히는 자는 그가 몸소 응징하며, 끝까지 나를 사랑하고 지켜준다고 믿었다.

갑자기 모든 것이 흔들렸다. 38년 전 아버지가 소천하셨을 때다. 사람들은 아버지가 이 세상을 떠나 하늘나라로 가셨다고 말했지만 믿어지지 않았다. 그가 아버지를 특별히 사랑했기 때문에 일찍 데려갔다고 말할 때는 화가 났다. 내가 믿던 세계에 심각한 균열이 생긴 것이다.

그가 미웠다. 잠시 그를 떠났다. 그러나 태어나면서부터 심긴 습성은 쉽게 바뀌지 않았다. 다시 그를 찾았다. 그를 꼼꼼히 다시 읽었고 그의 삶을 되짚어보며 그에 대해 다시 생각했다.

2017년 3월 1일 사순절이 시작될 때 그를 생각하며 매일 글을 썼다. 그가 십자가에 매달려 고난받은 주간을 마지막으로 사순절이 끝나고 부활절 아침이 밝았다. 놀랍게도 그날은 마침 4월 16일이었다. 2014년 그날에 세상을 떠난 이들이 가슴 아프게, 사무치게 떠올랐다.

서른 살에 불현듯 아무도 없는 황무지 들판으로 나가 삶에 대해, 자신에 대해 생각하며 그가 그랬던 것처럼 허허벌판에 선 듯 그를 읽고 백지와 대면하며 묻고 또 물었다. 어떻게 살아야 하나? 내가 그처럼 살 수 있을까? 여전히 자신이 없다. 내가 한 사람으로 태어나 다른 한 사람에게 좋은 영향을 미칠 수 있다면 일단 내 존재를 빚진 삶은 아니라고, 그저 그렇게 믿고 살 뿐이다. 이 책이 그를 떠올리며 삶에 대해, 자신에 대해 생각하면서 무엇이 좋은 삶인지를 묻는 질문의 시간을 줄 수 있으면 참 좋겠다.

김헌

서양고전문헌학자. 서울대학교 인문학연구원 교수로 재직 중이다. 서울대학교 대학원 철학과에서 플라톤의 『파르메니데스』 연구로, 서양고전학과에서 호메로스의 『일리아스』 연구로 석사학위를 받았고, 프랑스 스트라스부르대학교에서 아리스토텔레스의 『시학』과 『수사학』 연구로 박사학위를 받았다. 저서로 『인문학의 뿌리를 읽다』, 『천년의 수업』, 『그리스 문학의 신화적 상상력』, 『고대 그리스의 시인들』, 『위대한 연설: 아테네 10대 연설가』, 『무엇이 좋은 삶인가』(공저) 등이 있다. 이소크라테스의 『'어떤 철학'의 변명』, 알베르토 망겔의 『일리아스와 오디세이아』(2015) 등을 우리말로 옮겼다.

질문의 시간
© 김헌 2021

초판 발행   2021년 2월 17일

지은이   김헌
펴낸이   김정순
편집인   고진
편집   고진 박민영
디자인   김진영
마케팅   이지혜 양혜림

임프린트   북루덴스
펴낸곳   (주)북하우스 퍼블리셔스
출판등록   1997년 9월 23일 제406-2003-055호
주소   04043 서울시 마포구 양화로 12길 16-9(서교동 북앤빌딩)

전자우편   bookludens@naver.com   홈페이지 www.bookhouse.co.kr
전화번호   02-3144-3123   팩스 02-3144-3121

ISBN   979-11-6405-084-0 03100